馬雲給年輕人的
75個人生態度

王晶　編著

目錄

第二章 關於夢想與堅持的人生態度

——樹立一個遠大目標，用超常規的方式到達

第三章 關於夢想與拚搏的人生態度
——保持一點逆鱗，相信非理性的神奇力量

第四章 關於人脈的人生態度
——拒絕朋友的人一定不能成功

第五章 關於與人競爭的人生態度
——競爭最大的價值，不是戰敗別人，而是發展自己

第六章　關於畢業後創業的人生態度

——創業一點不可愛，五年以後還想創業你再創業

第七章 關於機遇把握的人生態度
——拒絕「晚上想走千條路，早上起來走原路」

第八章 關於職業規劃的人生態度
——不經歷一個過程，誰的成功你都複製不了

序言
從平凡到非凡的力量

社會學中有一個榜樣效應，就是具有代表性的先進人物能有效地影響和激勵人們，「以人為鏡，可以明得失」，榜樣不僅是一面鏡子，也是一面旗幟，它能引領我們積極向上，奮勇向前。市場上關於馬雲的圖書廣為傳閱，大學裡關於馬雲的講座座無虛席，可見，馬雲是人們尤其是年輕人爭相學習的榜樣。馬雲憑什麼成為榜樣呢？我們來看看馬雲的奮鬥軌跡。

在經濟百花齊放、百家爭鳴的形勢下，成功人物舉不勝舉，也許馬雲的成就算不上最高，但唯有馬雲創造了從平凡到非凡的傳奇。他告訴我們平凡的人照樣充滿了力量，平凡的人同樣能開創出一條屬於自己的光明大道。正如馬雲自己說：「如果連我都能成功，那我相信八十%的年輕人創業都能成功……」

創業之前的馬雲是平凡的，甚至是平庸的。首先，他的外表很平凡，身材瘦小，五官一般，甚至有點醜，站在人堆裡，絕對是被人忽略的對象。其次，他的智力一般，學習嚴重偏科，除英語優秀外，其他課目一塌糊塗，尤其是數學，在第一次高考時，僅考了一分，直到第三次高考，他的分數才勉強達到了大專分數線。另外，他的出身也很普通，馬雲的父親是杭州當地一家文化單位的工作人員，和錢、權都不沾邊。

平凡的馬雲步入社會之後的表現卻讓人刮目相看。二十四歲，大學教書。三十一歲，第一次創業，成立海博翻譯社，翻譯社第一個月的房租二千元，可公司的盈利才七百元。當其他人都在考慮是否放棄時，馬雲一個人背著麻袋去浙江義烏賣小商品掙錢，盡力維持奄奄一息的翻譯社，兩年後海博終於成為杭州翻譯社中最大的一家。三十三歲，第二次創業，成立中國黃頁，在別人還不知道互聯網是個什麼東西的時候，馬雲卻時刻不停地向人們描繪著互聯網的未來，他也因此被人當做騙子，這次創業，最後以馬雲慘澹退出而結束，不過，馬雲在互聯網行業的名聲卻就此打響。三十五歲，第三次創業，創建阿里巴巴，兩年後阿里巴巴進入盈利期，藉此，阿里巴巴模式在中國的互聯網歷史上留下了濃重的一筆。三十九歲，創辦淘寶，改變了中國幾億人的生活方式。四十一歲，他以三十億美元身價居「二〇〇五胡潤ＩＴ財富榜」第四位，從此，馬雲成為了中國具有代表性的創富神話。

那麼，馬雲的成功關鍵在哪裡？這也是個仁者見仁、智者見智的問題。

有人說，英語改變了馬雲的命運。因為英語這一特長，馬雲得以成立了海博翻譯社，進而有機會出國接觸互聯網，後來抓住了互聯網浪潮湧起的機會，結合馬雲做翻譯社時與外貿公司建立起來的關係，走出了一條自己的道路。

有人說，馬雲的成功源於他不屈不撓的毅力。在一九九九年，阿里巴巴剛剛成立時，馬雲手裡沒有一分錢，帶著一幫兄弟窩在自己家裡辦公，日子不僅艱難而且看不到希望，可馬雲創業的信念從沒有過一絲的動搖。當「非典」肆虐中國大地時，阿里巴巴也正遭受著前所未有的打擊，馬雲說：即使跪著，也要活下去！阿里巴巴終於跨過了寒冬，並成為世界上最大的B2B電子商務網站之一，也就是在這生死存亡的關鍵時期，馬雲創辦了淘寶，為阿里巴巴集團注入了一股強勁的力量。

有人說，馬雲的成功源自於他先人一步的理念。當別人還不知道互聯網是什麼的時候，他已經看到互聯網將成為世界的主導，當別人都看不懂阿里巴巴模式的時候，他倔強地堅持著自己的選擇，當別人都在質疑淘寶的盈利管道的時候，他顯得從容淡定，還牛氣沖天地放出話來：「我們與競爭對手最大的區別就是我們知道他們要做什麼，而他們不知道我們想做什麼。我們想做什麼，沒有必要讓所有人知道。」

馬雲的成功絕非偶然，以上每種說法都是促成馬雲成功的關鍵因素。只不過，馬雲的成功又是可以複製的。一位資深培訓師曾指出：他從很多來諮詢創業的年輕人身上都看得到馬雲當年的影子。他們或者仍處於迷茫中，或者還在思考自己的人生道路，身上已經具備了馬雲成功的所有要素，他們欠缺的只是時間和嘗試。

對於年輕人來說，時間是最好的資本，我們的出路在哪裡？在於有時間可以不斷嘗試！我們沒有聰明的頭腦，沒有給力的父母，沒有錢，沒有經驗，沒有閱歷，沒有社會關係，這些都不可怕。錢可以通過辛勤勞動去賺，經驗可以在實踐中總結，閱歷可以一步一步積累，社會關係可以一點一滴去經營，但是沒有嘗試的人生，只能原地踏步。

馬雲說：「無論失敗與成功，經歷就是一種成功，你去闖一闖，不行你還可以掉頭；但是你如果不做，就像晚上想走千條路，早上起來走原路，一樣的道理。」未來掌握在你自己的手中，千萬不要讓任何膽怯阻住了你前進的腳步，進而誤了自己的青春年華。

互聯網正在改變人們的生活、學習、工作，甚至思維習慣，馬雲在一定程度上成為這個時代的代言人。本書結合馬雲的親身經歷，從適應社會、夢想與現實、做事與創新、做人與交際、競爭、創業、機遇把握等多個角度，採擷了馬雲給年輕人的多個忠告，唯願年輕人能藉此審視自身，瞭解時代所需，進而啓迪人生，踏出一條屬於自己的道路。

第 1 章

讀書好未必能做事，「中等偏上」的人反而易成功

關於適應社會的人生態度

Attitude

01

「差學生」也可以成功

「不管你是什麼大學畢業，你的畢業證，我都只當作收款憑證，因為它能說明的，只是你的家庭為你讀書付過款，而並不能說明你有沒有讀過書。有時候學歷很高不一定把自己沉得下來做事情。」

馬雲經歷

很多條件優越的人，其成功路徑呈現出「一氣呵成」的直線：從小在良好的家庭環境中長大，上學一直都是好學生，然後順理成章地考上名牌大學，接著出國鍍金，然後畢業了進入好單位。

在互聯網江湖，更是如此。和馬雲同期的張朝陽、丁磊、李彥宏、陳天橋，他們無不出身名校，有著耀眼的光環，而相比之下，馬雲則顯得「土生土長」、毫不起眼，馬雲求學的經歷實在無法與他們相比。

馬雲從小學習就不好，是個腦子笨還偏科的「差學生」。他不僅沒有上一流的大學，而且連小學、中學都是三四流的，更具悲劇性的是，馬雲考過三次大學，兩次落榜。

馬雲自己也承認：「我實在是笨得很，從來沒有被人認為過是好學生，但也沒變成一個壞學生。我的學習成績在班級裡從來都考不到十幾名，而且數學極差，往往不及格。」一直以來，馬雲數學極差，這成為他求學路上的最大障礙。這個問題讓他父母和老師都很感歎：「白瞎了那麼一個碩大的腦袋！」

馬雲小學念了七年，他曾回憶：「當時我們去參加重點中學考試全軍覆沒，第二年再度全軍覆沒，後來實在沒有中學要我們，就把小學改成杭州天水中學。在杭州歷史上，只有這一所小學被改為中學，改了一年後實在不行，後來撤了。我也不知道問題出在我們這裡，還是出在教學方法上。」後來，馬雲初中升高中的時候，也不順利，他考了兩次才考上，因為第一次數學只得了三十一分。

一九八二年的夏天，十八歲的馬雲第一次參加高考。他雄心壯志地填報了北京大學，不料他的高考成績很差，尤其是數學，只考了一分。這次高考對馬雲打擊很大，他認定自己壓根就不是進象牙塔的料兒，就像很多「差學生」那樣，盲目屈從了命運，開始輟學四處打零工謀生計。一個高中生除了出賣自己的體力還能做什麼啊？那時候的馬雲，每天蹬著一輛破三輪車，在崎嶇不平的小巷子裡給人送貨。這樣實在太累了，他不甘心！於是有了自己的第二次高考。

一九八三年，十九歲的馬雲第二次參加了高考。這一次，他再次落榜，數學依然是硬傷，可憐巴巴的十九分。天啊，復讀一年，才進步了十來多分！成績公佈之後，馬雲的父母絕望了，他們不想讓馬雲參加高考了，整天苦口婆心地勸他去學手藝，或者學做小生意。

但是，有了上一次打工的辛苦經歷，這一次馬雲沒有放棄自己。父母不出錢供他上學了，他就自己邊打工邊複習。一九八四年的夏天，二十歲的馬雲第三次參加高考。靠著超強的背題能力，馬雲的數學突破了七十九分，總成績也跟著上去了，但是距北大還差很遠。最終，考了三次的馬雲，被杭州師範學院錄取，按照馬雲的說法，這是當時杭州最差的大學。

雖然求學經歷一路坎坷，但是馬雲覺得這未嘗不是一件好事。他說：「正因為我從普通家庭出來，從普通學校出來，高考也失敗，我才能夠特別瞭解中國老百姓的心態和市場客戶小老闆的心態，我學的又是英文，所以我知道西方社會裡宣導的是什麼。」

也正是因為馬雲自己的坎坷經歷，在看待學歷這件事上，馬雲很開放、很務實。據說，阿里巴巴的兩萬多名員工，有很多都是他招聘的，不過他招聘從來不看簡歷。在他看來，現在的求職者把太多心思放在製作華麗的簡歷上了。即便簡歷屬實，那也不能說明什麼，念這麼多年書，不能證明自己能幹什麼。他反而很喜歡那種自認為平凡的人，因為這類人願意去學習，願意去嘗試。

關於「差學生」為什麼學習不好卻能在商界成功，馬雲說過：「我特別喜歡這兩個字：啓迪。我認為知識是可以灌輸的，但是人類的智慧是啓迪的，是喚醒的。我們進入二十一世紀，在知識爆炸的時代，重要的不是獲取更多的知識。以前可能需要大量的記憶，現在通過電腦一查就可以知道，中國人的文化中講究勤勞勇敢，勤勞是很重要，機器是永遠不會偷懶的，人和機器最大的差別是我們懂得創新。懂得創新的人，在自己做事業的時候，會不斷地去探索新的、未知的領域，去不斷地豐富自己，而這些知識是學習和學歷不能給予的。」

成長煩惱

一份調查資料顯示，中國約有五％到八％的年輕人存在學習能力障礙，學習能力障礙不是整個大腦發育滯後，而是某些特定部分發育失常。學習能力障礙已經成為一種全球性現象，因此，「差生」在社會中非常普遍。

「我上大二了，學習很差，越想自己越差勁，有些自暴自棄了，鬱悶的時候生不如死，活下去很難，死又無法下決心」，這是一位大學生在網上發的帖子。對於年輕人來說，步入社會之前，學習是最主要的評價標準，因而學習不好的人很容易產生自暴自棄、不自信、厭世等情緒。其實大可不必。馬雲的經歷告訴我們，學習成績跟能力毫無關係，能力不好的人也能走出自己的一條成功之路。

馬雲經常說：「馬雲能夠成功，八十％的人都能成功。」曾經是「差學生」的他，最終成為了出色的生意人。馬雲絕不是個案，回顧四周，很多好學生會發現，當年那些學習不是很好的小學、初中同學，在自己的多年努力之下，都生活得非常不錯。無數事實證明，在這個機遇遍地的時代，學歷不能代表能力，也不意味著一切。

智慧點撥

有句話說得好：「學歷是銅牌，人脈是銀牌，能力是金牌。」學歷在初入社會的起始階段，可能會對你有所影響，充當了敲門磚的作用。但是一旦踏入社會之後，能力就成為了主角。因此，不要為自己不夠華麗的學歷自卑或者抱怨，人生是一場大戲，需要更多地武裝，學歷只是一個道具而已。

Attitude

02

有背景未必就是好事

「世界上最不可靠的就是關係。沒有背景怎麼辦？難道就因此認同自己不行了嗎？沒有背景，可以去創造背景！」

馬雲經歷

在這個流行「拚爹」的年代，很多年輕人喜歡抱怨自己的出身不好，沒有一個富爸爸或者官爺爺。說到這個，馬雲最有發言權了：在馬雲創業之時，除了夢想，幾乎一無所有。沒有錢，沒有家庭背景，沒有社會關係。可以說，馬雲是最典型的草根代表。

一九六四年十月十五日（農曆九月十日），馬雲出生在浙江杭州西子湖畔的一個普通人家，父母都是半文盲，家中有三個孩子。馬雲很小的時候，父親常帶他去看戲，據媒體報導，馬雲小時候受父親影響還曾上台表演過相聲。不過，馬雲顯然對父親的那一套不是很感興趣，多年後他自己坦言：「我對戲裡的唱腔絲毫不感興趣，倒是對武生們在台上的好身手佩服不已，於是學起散打和太極拳來。」

據馬雲說，他父親脾氣很壞，童年的他是在父親的拳腳下度過的。有一次，他跟人打架，鼻子被打歪了，鮮血直流，對方家長反而鬧到他家裡，父親百般替他賠禮道歉。等人家走後，父親把他拉到一旁，氣得說不出話。當時，身邊正好有一根掃帚，父親操起來準備打他一頓，然而又放下了，他重重地嘆了口氣說，你知道錯了嗎？馬雲心裡非常委屈，不服氣，就說沒錯！兩個人說著竟然吵起架來。他知道父親不認識字，也沒學過英語，他就用英語跟父親吵架。

面對他的無禮，父親並沒生氣，反而大笑，摸了摸他的腦袋，說：「既然你能用英語跟我吵架，那麼，以後就請你認真學好英語。你學好了英語，我就不打你了。」為了提高英語水準，馬雲每天上街找老外對話。從初中到高中，馬雲其他各科成績都很一般，唯有英語，幾乎包攬了大小英語考試的年級第一名。但是光英語好沒什麼用，總成績低就無法上大學，再加上他還是那麼愛惹事，父子間的關係一直沒有好轉，父子吵架愈演愈烈，後來發展到一點瑣事也會吵架。

成功後的馬雲不忘當年跟父親吵架時的情景，他說：「每一次，我們都吵得很激烈，誰也不能說服誰，最後自然都是我贏了，因為我父親根本就聽不懂英語。」

成功人士都有一個共同的特徵，就是比起記仇，他們更善於感恩，更喜歡記住別人的好。馬雲雖然對父親的打罵有印象，但是他對於父親的好更是記憶猶新。

馬雲的媽媽曾經對調皮的兒子有過放棄的念頭，她還勸過老伴兒：「孩子天生就這樣了，你就別對他要求太多了！」馬雲的父親卻說：「每個人都會有各種各樣的不足或缺點，但是每個人都會有閃光點，我只是用最適合他的方式教育他，挖掘出他的閃光點。」馬雲的英語就是在父親「非常」鼓勵下練就的。當然，父親對他的影響還不只於此。

馬雲第一次高考落榜之後，陷入了人生低谷。父親並沒有強迫他去讀書，而是託關係給他找了一個蹬三輪車送貨的工作。馬雲上了幾天班，累得受不住了，回到家沒事找事和父親吵架，父親反而沉默以對。馬雲討了個沒趣，第二天一大早就羞愧地出門幹活了。終於等他不叫苦連天的時候，父親才找了一個合適的時機跟他說：「你每天蹬三輪車二十多公里路來來回回都不怕累，既然連蹬三輪車的苦都能吃，為什麼吃不了讀書的苦呢？為什麼就不能再給自己一次機會呢？」至此，馬雲才明白了父親的用心良苦。父親的話讓他下了決心：參加第二次高考！命運自此改變。

馬雲就是這樣一個出身普通家庭的平凡人。但是他從來沒有抱怨過自己的出身問題，覺得沒有高貴華麗的背景反而是好事，可以逼著自己去奮鬥，去創造出「背景」來。

可能是因為從小沒有靠山的緣故，馬雲一直對「關係」很抗拒，他曾經不止一次地公開表示背景關係對於經營企業的負面影響。「一個公司裡有幾個廳局長的子女在，那公司基本啥事也幹不成了，因為你每天要處理的是這些人的關係和利益。」每當聽到某些老總如何吹噓自己公司的「後台」，馬雲會掉頭就走。馬雲說這種公司不是騙子，就是大麻煩。

對於毫無特殊背景的阿里巴巴，馬雲顯然是驕傲有加：「到今天為止，阿里巴巴沒有一分錢的銀行貸款，也沒有一些說不清楚的所謂複雜關係。以前沒有，現在沒有，未來也絕對不要任何達官貴人扶持，或者其親戚子女進來。我就是要給中國的年輕人樹立一個榜樣，沒有有錢的老爸和關係背景，也可以創業並獲得成功。」

成長煩惱

屌絲一詞爆紅網路。屌絲最初被定義為出身卑微的年輕男性，他們沒有人脈、沒有背景，每天為生存疲於奔命。他們買不起房子，不管多麼努力地攢錢，也無法體面地生活在城市中。未來在哪裡？他們每天都在質疑。

與屌絲相對應的是「富二代」或者「官二代」，他們有人脈、有錢，做什麼事都是事半功倍，輕鬆地取得成功。在現實生活中，在與他們的競爭中，很多屌絲一次又一次地敗下陣來，現實的打擊讓他們的價值觀開始偏移，他們開始相信：改變命運有時靠的不是知識，不是勤奮，而是背景。於是，他們開始自甘墮落，放棄努力。

馬雲的經歷告訴我們，這種認知是有點過於偏激了，馬雲的家庭沒錢也沒權，他擁有的只是父親的嚴厲和苛刻，在遭受學習成績不理想的打擊的時候，他沒有失望，而是更加相信未來，並讓一無所有的「背景」成為了他以後人生的一筆財富。沒有背景，只有背影的年輕人，不要對未來灰心，只要有夢想，人生就有無數可能。你可以不是「富二代」，但一定要有「做富二代他爹」的理想！

智慧點撥

一個人的成功只與他本人的能量有關。家庭背景只是個人的一個裝飾品罷了。有關係的人，人生初期可能會比較順暢，但是關係只能為其找到一個平台，而不能保證其功成名就，而且關係本身就是雙刃劍，你可以享受到關係帶來的某些好處，同時也必須背負「背景」包袱。所以，有背景要慎用，沒有背景也不必怨天尤人。關係只是給沒有本事或熱衷投機取巧的人準備的，如果你是一個有堅定信念的積極進取者，沒有關係照樣可以成功。

Attitude

03

成功和外貌沒有一毛錢關係

「這世界上只要有夢想，只要不斷努力，只要不斷學習，不管你長得如何，不管是這樣，還是那樣，男人的長相往往和他的才華成反比。」

馬雲經歷

二〇〇〇年七月十七日，其貌不揚的馬雲成為了中國第一位登上全球最權威商業雜誌《富比世》封面的企業家。該雜誌在介紹馬雲的時候毫不客氣地描寫道：「他，深凹的顴骨，捲曲的頭髮，淘氣的露齒笑，一個五英尺高、一百磅重的頑童模樣。」另一方面，又毫不吝惜地盛讚：「這個長相怪異的人有著拿破崙一樣的身材，更有拿破崙一樣的偉大志向。」

關於馬雲的長相，露骨的諷刺一直沒有間斷，有經典的段子稱他有點像天外來客，說他演外星人基本不用化妝。「因為長得醜，經常躲著大家」，馬雲經常這樣自嘲。長相是爹媽給的，儘管現代整容技術很先進，但又不是明星，何必對自己動刀呢？馬雲從小就很接受父母給予的「恩賜」，他從來沒有因為自己長得醜而自卑，對於自己的長相，馬雲從來都是信心十足：「人又瘦，還那麼醜。不過我覺得絕大部分的情況下，一個男人的長相和他的智慧是成反比的。」他甚至還揚言：「二十年以後的中國，流行的長相是跟我一樣。」

馬雲其實頗感激自己的長相：「因為長得醜，沒有本錢，只能不斷努力。也正是因為如此，才沒有浪費大好青春，為成功奠定了堅實的基礎。」

客觀地講，長相不佳，確實給馬雲帶來不少挫折。比如，因為個子瘦小，他去應聘保安和服務生的時候，被人拒絕了。這樣的時候很多，但是馬雲坦言從來沒有覺得受到什麼打擊，也從來沒有因此而沮喪過。他想得很開：「別人攻擊你的長相，你沮喪是沒有用的。我碰到的這種事兒多了，怎麼沮喪得過來？生活就是這樣，你得到了一定會失去，你失去的東西也一定會得到一點，你什麼都想得到怎麼可能。」

再比如，因為長得「看起來像壞人」，當年他在向人推銷互聯網產品的時候，別人都躲著他，好不容易被他「糾纏」住的人，也因為他的「壞人樣兒」，對他的話始終保持質疑，馬雲並沒有因此而生氣，而是以加倍的真誠去說服對方。

長相從來就不是馬雲的絆腳石。相反，一個人越是不在乎自己的外表，越是坦蕩，就會平添一種人格魅力。儘管長得醜，馬雲從來就不缺人氣；儘管長得醜，馬雲在大學的時候還是學生會主席呢；儘管長得醜，他在大學就抱得美人歸，結識了現在的太太並一直相濡以沫。

俞敏洪在同濟大學的一次演講中這樣講道：「如果說一個人的相貌和成功有關，那就不會有馬雲和阿里巴巴，因為如果在座的同學認為馬雲長得好看，那一定是審美出了問題。當然，這並不意味著相貌好看的人就做不成事情。比如說，另外一位大家比較熟悉的公司老總百度老總李彥宏。李彥宏非常英俊瀟灑，他所有的照片看上去都像電影明星一樣，但是他也取得了成功。所以不管相貌如何，只要努力都能取得成功，只不過李彥宏和馬雲坐在一起吃飯的時候，他們通常不太願意坐在相鄰的椅子上，因為兩個人的對比實在太明顯，解決的方法就是把我放到他們兩個中間，起到一個過渡的作用。」而當俞敏洪就這個問題問馬雲的愛人張瑛：「你認為馬雲好看嗎？」張瑛的回答是：「他一點兒也不難看，比你好看多了。」

只要心態好，長相就不會成為成功的障礙。如今，「外星人」馬雲已經成為許多年輕人公認的青年偶像、精神導師。他被無數人膜拜，成為地方政府和各大媒體的座上賓。這也說明成功真的和長相沒有一毛錢的關係。

成長煩惱

「長得醜，因為臉上長痘，所以找不到工作，咋辦啊？人生真是無奈啊，現在的中國，人才氾濫啊，用人單位千挑萬選，像我這樣長得醜的，又不是名牌大學的找工作基本不在人家考慮範圍內，真是痛苦啊！」很多剛剛步入社會的年輕人常常遭遇這樣的煩惱，因為長相不出眾，而在求職過程中屢屢碰壁。他們自嘲「窮醜矮矬胖笨擼」，在「高富帥」面前，只有「跪」地叫爺的命。

的確，一份調查結果顯示，九七・二%的招聘者承認，應聘者的「第一印象」會對自己的招聘錄用決策產生影響。長相的美醜對職場競爭力有一定的影響。不過，另有一份調查顯示，除了天生的外貌外，微笑與否、穿著是否恰當、姿態是否得體、言談是否優雅這些都是「第一印象」的決定要素，因此，職場受挫時，不要輕易就把失敗的原因歸因於父母「不會生」，自己後天的錘煉也有著決定的作用。

馬雲的經歷告訴我們，長相與成功與否無關，正確看待自己的長相，不妄自菲薄，不喪失信心，再糟糕的長相也不會成為成功的阻力。

智慧點撥

良好的形象確實可以幫一個人加分，但是與一個人最終能不能取得大的成就卻沒有太多關係。人生最大的浪費就是，因為對自己的相貌斤斤計較，甚至自卑而浪費掉本該不管不顧向前衝的奮鬥時間。一個人越是不在乎自己的外在，努力充實內在，成功的可能就越大。

Attitude

04

曾被別人狠狠批評過是件好事

「我不希望大家都喜歡我，這也不可能，當人們都反對我時，也不是一件壞事，我討厭中庸。」

馬雲經歷

在少年時代和青年時代，曾經給予了馬雲巨大幫助的人，馬雲都心存感恩；而那些給予他「刺激」的人，馬雲更是終生難忘。

馬雲最難忘的是大學時期的英語老師。

馬雲一直都覺得自己的英語很好，特別是考上杭州師範學院之後，很多同學是從農村來的，發音不準，這時候馬雲的優越感就更強了。他一直認為自己是班上英語最好的學生，但是在一次考試結果出來之後，馬雲大為吃驚：老師只給他五十九分！而農村來的同學則考了八十、九十分。馬雲特別生氣：憑什麼呀？有沒有天理啊？怎麼說我的英語發音也比他們強多了！

於是，他就找老師理論，老師狠狠地批評了他。在很長一段時間裡，馬雲都恨這位英語老師。但是，現在的他十分感激這位老師，他說：「人一輩子被一個人、被你的老師指點過，甚至狠狠地批評過，如果你沒有出息，你會恨過以後就算了；如果你有出息，你去思考，三年之後，你就發現這是好事。」

還有一位老師，馬雲也很感激他，就是他的高三數學老師。

馬雲第三次參加高考的時候，數學成績依然不見大的起色，在高考前數學老師余老師曾經刺激他：「馬雲啊，我看你的數學依然這麼爛，估計是又要掛了。這樣吧，咱們打個賭，如果你能考及格，我的『余』字倒著寫。」數學老師的「當眾羞辱」把馬雲刺激壞了。

接下來，他就把更多的精力用在備戰數學上。據馬雲說，他這次發了狠招兒：在考數學的當天，早早起床，背了N個數學公式和N道題。考試時，馬雲就用自己背的公式一個一個套，居然奇蹟般地考了七十九分。

數學老師這一句「如果你能考及格，我的『余』字倒著寫」的話，在一定程度上幫助馬雲圓了大學夢。對於這位批評自己的老師，馬雲從來都沒有恨過，而是心懷感恩。

常言道：良藥苦口利於病，忠言逆耳利於行。虛心接受別人的批評才能使自己進步。

成長煩惱

現在的年輕人最受不了別人批評，別人一批評，就想著反駁，想著怎麼來強調自我，而不是去思考對方批評中的合理因素。其實，只喜歡表揚，不喜歡批評，這是所有人的通病，年輕人尤其如此。青年時期，是一個人開始走向成熟的關鍵時期，但這一時期還具有半幼稚、半成熟的心理特點。他們一方面渴望像成人那樣得到周圍人的認可與尊重，另一方面，他們強烈要求自立、自尊、自治，自我意識逐步增強，缺乏包容和開放意識。因此，他們很難接受別人的批評。

其實，批評對我們來說，並不是壞事。馬雲在成長過程中也曾經備受批評，他雖然也會憤怒、生氣、不理解，但他很快就把這種批評轉化成了一種前進的動力。馬雲的經歷告訴我們，聽得進他人批評的聲音，才有機會改正自己，才有機會讓自己更加完美。

智慧點撥

大多數人都喜歡聽好聽的話，卻很少有人能夠坦然接受別人的批評和指責。也正是因為這一點，最終造成了人與人之間的差距。很多時候別人的指責甚至是刺激性的話是客觀地反映了我們自身的不足，而且當我們對於別人的批評和指責有了足夠重視的時候，那麼這將非常有利於我們的成長和進步。記住別人的批評，忘掉別人的表揚，帶著成長的心態去接受別人的批評吧，這樣可以讓我們成長更快！

Attitude

05

學會正面思考，永遠不要怪別人

「不要推卸責任，勇敢擔當。」

馬雲經歷

馬雲在跟年輕人分享「讓你少奮鬥十年的工作經驗」時，把「不要推卸責任，勇敢擔當」放到第一位，這是他自進入社會之後就一直堅持的觀點。

一九九四年，馬雲第一次創業，成立了海博翻譯社，翻譯社的所有成員就是馬雲和幾個從杭州電子工業學院退休的老教師，馬雲當時的想法是自己能在教書之餘做點事兒，還能給那些退休閒在家的老師找點事兒幹，讓他們也能賺點外快貼補家用。可翻譯社卻沒有像馬雲想的那樣開張大吉。因為知名度不夠，又沒有宣傳資金，海博翻譯社的收入還不夠支撐房租，馬雲通過「倒賣」各種小商品才得以維持下去。第二年，翻譯社開始盈利，馬雲開始思索如何管理一個企業。

馬雲和老教師們都是英語專業出身，對財務一竅不通，他就特意請了一位小姑娘來掌管財務。幾天下來，馬雲覺得很奇怪，這位小姑娘記的帳目總是和他們的記憶有偏差，他覺得收入應該有一千的時候，在帳面上只能看到幾百塊錢。一開始，馬雲只是懷疑自己的記憶力，並沒有過多地關注，管帳的小姑娘是專業會計出身，並且一臉單純，他從心眼裡確信，她的職業素養和人品絕對不會做假帳。

幾個月後，馬雲越發覺得帳面不符，他就仔細去查了一下，結果，他意外地發現，這位做財務的小姑娘竟然一直在偷公司的錢，她每天從公司帳上抽一點錢占為己有。

這個發現讓馬雲很震驚，不過，他沒有過多責怪這個小姑娘，他開始審視自己，他發現最大的問題是出在自己身上。因為公司規模小，他是在做教師之餘兼職，其他的老教師也只管自己手裡的事兒，從不過問公司的情況，所以，公司沒有任何制度，任何人既沒有制度的約束，也沒有制度的考核，更沒有制度上的監督和管理。在一個滿是漏洞的公司，難免讓人想鑽空子。通過這件事，馬雲深刻地意識到自己的管理能力需要提升，他開始有意識地注重人員管理、制度建設、員工考評等方面的知識學習，這些為他後來創辦阿里巴巴打下了堅實的基礎。

金無足赤，人無完人，每個人都免不了犯錯誤，而每個人對待錯誤的態度和方式方法卻千差萬別，而有著豁達的態度和包容的胸襟，能夠首先從自身找問題，正視自己的問題，以身作則，敢於承認錯誤、勇於承擔責任的人往往是受人尊敬的，這也是成就馬雲的一個重要因素。

成長煩惱

考試成績不理想，那肯定是老師不合格；工作不順利，那肯定是老闆有問題；家人之間有了小摩擦，那一定是對方的錯。「之所以這樣都是因為他怎樣怎樣」，當出現問題時，很多人的第一反應是從別人身上找原因。因此，我們經常聽到這樣的話：「那個客戶太挑剔了，所以這事才沒辦成。」「我本來可以早到的，就是因為突然下雨才耽誤了。」「我實在抽不出足夠的時間去學習。」……其實，這些都只是為自己找推卸責任的藉口。

馬雲的經歷告訴我們，不管發生任何事，永遠不要責怪別人，應該首先責怪自己，因為別人的錯誤，很可能與自己的疏忽有關。只有把注意力從別人身上移開，才能發現自身存在的問題。

那些實現自己的目標，取得成功的人，並非有超凡的能力，而是有超凡的心態。他們不會把問題歸咎於他人和自己周圍的環境，而是勇於承擔自己的責任。一旦作出選擇，就盡最大的努力把事情做好，出現問題，不找藉口，一切後果自己承擔。

智慧點撥

遇到問題，不要責怪別人、推卸責任，而要多從自己身上找原因，這樣才能不斷發現錯誤，修正錯誤，並累積成果。如此，我們才能正確無誤地抵達夢想的終點。錯誤是對我們人生的最好歷練，關鍵在於我們對待錯誤的態度，只要我們肯接受錯誤，自然能從錯誤中獲得力量，並不斷成長。如此，我們的人生就會出現轉機，甚至會出現奇蹟。

Attitude

06

成全別人，最終才能成就自己

「我相信如果一個人腦子裡總是想著賺錢，那麼沒人想和你交朋友。相反，如果考慮的是如何幫助別人、為他人創造價值，然後你就會賺錢。」

馬雲經歷

馬雲認為「我為人人，人人為我」，是最簡單的做人做事的道理。他創辦阿里巴巴的使命就是「做數不清的中小企業的解救者」，它蘊含著開放、合作、分享的意思。他認為，讓別人成功了，才是自己最大的成功，因此阿里巴巴堅持不懈地做大企業不屑做、難以做的事，堅持做中小企業謀利的事兒，哪怕自己幾年不盈利。

二〇〇八年，全球經濟危機全面爆發，

由於經濟危機導致宏觀經濟環境日益惡化，企業尤其是中小企業面臨諸多困難。在這個節骨眼兒上，馬雲對阿里巴巴集團上下做出指示：「阿里巴巴肩負著比以往更大的責任，我們不僅僅要讓自己不倒下，我們還有責任保護我們的客戶。在全球經濟惡化的形勢下，阿里巴巴必須要在責任感的前提下，為這些企業提供更具競爭力的解決方案，使我們強調的『生態鏈』建設，盡可能地規避宏觀經濟週期性起伏帶來的風險。」

二〇〇八年八月二日，在第二屆APEC工商理事會亞太中小企業峰會上，馬雲繼續為幫助客戶安全過冬而吶喊，他強調說，中小企業占亞太地區企業總量九十五％，更是各國經濟快速發展的中流砥柱，中小企業的生存和發展問題是一個影響世界經濟繁榮的關鍵問題，也是關乎千千萬萬家庭幸福的責任話題。馬雲表示，「如果我們的客戶都倒下了，我們同樣見不到下一個春天的太陽！幫助這些企業渡過難關是阿里巴巴的使命。」

阿里巴巴不僅為幫助客戶過冬大聲疾呼，更是身先士卒。二〇〇八年十月十四日起，阿里巴巴集團宣布啓動為幫助中小企業「過冬」生存發展的特別行動計畫。在該計畫中，阿里巴巴將集結阿里巴巴B2B、淘寶、支付寶、雅虎口碑、阿里軟體等所有資源，全力以赴地幫助中小企業渡過「生存難關」。

阿里巴巴公司（B2B）首席執行官衛哲出任「阿里巴巴中小企業發展計畫執行小組」組長。這是阿里巴巴集團歷史上一次最大規模的協同作戰行動。「計畫執行小組」將全面負責組織，實施集團董事會制定的關於幫助阿里巴巴中小企業客戶渡過由「經濟危機」帶來的生存難關的任務。在該特別行動實施中，為保障任務的完成，衛哲有權調動各子公司的人員、資金和產品等多項資源，充分保證計畫的全面實施，集團財務部與人力資源部將全力配合。

在馬雲的觀念裡，如果一個企業在災難來臨時，光顧著自己逃命而拋棄客戶，這樣的企業必然不長久。在經濟危機的不利時刻，國內企業家應該拿出「天下興亡，匹夫有責」的氣魄，充分發揚有難同當的企業家精神，全力以赴地幫助客戶安全過冬。任何時刻，危機就是轉機，企業幫助客戶過冬，其實也是幫助自己。

送人玫瑰，手留餘香。阿里巴巴為幫助客戶而推出的「援冬計畫」，一定程度上又幫助了阿里巴巴，越來越多的中小企業開始匯聚在阿里巴巴周圍。成人者天成之，阿里巴巴成全了別人，最終成就了自己。

成長煩惱

市場上太多的書籍教年輕人厚黑學。的確，現在社會「競爭」幾乎是無處不在、無時不有，年輕人之間的競爭尤其明顯，從高考競爭、就業競爭，到職場競爭，要想求生存、求發展，很多人會覺得只有不擇手段才能脫穎而出。

馬雲則持著完全相反的觀點，他認為互相傾軋的競爭只會得一時之利，成就別人也就是成就自己。阿里巴巴的成功就源於成就中小企業，中小企業作為阿里巴巴的主力客戶，他們發展得好了，自然會帶動阿里巴巴有更好的發展。

這個道理同樣適用於年輕人。耍心機、拚個你死我活，往往會害人又累己，因為這樣的你會讓所有人敬而遠之。太愛和別人計較、爭鬥的人，最終都不會混得太好。相反，懂得成就別人的人，一定會贏得別人的感激和感恩，這樣的人在未來的人生道路上會有很多的助力。

智慧點撥

被譽為世界第一的人脈專家——暢銷書《與鯊共泳》一書的作者哈威．麥凱認為，要想長期建立長效的合作關係，需要做到四點：「互惠，沒有付出就沒有收穫；互賴，相互依賴是最穩固的關係鏈；分享，你分享的越多，得到的就越多；堅持，從不放棄才會使感情越走越近」。做一個讓別人有利可圖的人，成全別人，最終才能成全自己。

Attitude

07

一個人的胸懷是委屈撐大的

「人生在世，註定要受許多委屈。面對各種委屈，你要學會一笑了之，你要學會超然待之，你要學會轉化勢能。只有這樣，你才能在隱忍、原諒、寬容中成長壯大。男人的成功更是委屈成就的。如果你沒有成功，只說明一點：被委屈得不夠。人要感謝被委屈和正在禁受的委屈。」

馬雲經歷

熟悉馬雲的人都知道，在馬雲童年時代，因為爺爺的特殊身分，他是典型的「黑五類子女」，從小他就受到很多人的白眼。可以說，在他成長過程中，一直遭遇小夥伴兒的欺負和輕視。在委屈中泡大的孩子，從小練就了忍氣吞聲的英雄海量，馬雲也是如此。

最讓馬雲印象深刻的一件事是，有一次，因為別人嘲笑他的「黑五類」出身，出言不遜，馬雲和對方大打出手，事情鬧得有點兒大，連員警都找上門了。父親對他說的一句話讓他念念不忘：「男人的胸懷是靠委屈撐大的，這個時候你只要老老實實地別亂說亂動就行。」以後再遇到不公平待遇的時候，馬雲養成了沉默以對的習慣。馬雲說：「我從小愛打架，但多是為別人伸張正義。我自己受到點委屈，一般都會忍下來，因為我不想因為自己的惹是生非，讓家人跟著倒楣。」

二〇一〇年五月，「阿里巴巴最有價值的資產——支付寶已經從阿里巴巴集團手中轉讓給了一個私人控制的公司，而這個公司的最大股東，就是阿里巴巴董事局的主席馬雲，」這一消息的披露把馬雲推到了風口浪尖上。

有人指責馬雲「不仗義」，此次重組旗下資產支付寶的所有權的行為，並沒有通知其他兩個大股東——雅虎和軟銀，也沒有徵得集團董事會董事或股東的批准，對於外資是「端起碗吃肉，放下筷子罵娘」，馬雲就像是反咬農夫的蛇。有人指責馬雲為了自己的利益犧牲整個互聯網行業的利益，國內所有拿到融資的互聯網企業，包括上市和未上市的，全部都是VIE結構，而馬雲正面否定協定控制，將導致海外投資人對於通過協議控制公司的合同穩定性產生質疑，以後中國新創（互聯網）公司的融資管道將受到極大的影響。

「少數人的不誠信行為，需要全行業埋單！未來融資將會變得異常艱難！本來以為明年下半年才是電商最艱難的時刻，看來提前了！」

「違背了支撐市場經濟的契約原則。」「最近關於『協議控制』討論中處處看到對外資的排斥，讓人擔憂。」

「這輪進攻已經觸及改革開放的底線了。三十年努力可能毀於一旦，或者毀於一事。」

■ ■ ■

聲討的言論不絕於耳，馬雲已然成了眾人口中人人喊打的「流氓」。

股東不理解、業內同行指責，但是馬雲並沒有在第一時間撕破臉。被逼急了，馬雲才道出了事實：「我們做了一個艱難、不完美但必須要做的決定，也是唯一正確的決定。在申報牌照的第二天，我們就通報了董事會。說支付寶三．三億落入我的口袋，這不是事實，註冊資金與企業作價是兩回事。中國所有的ＩＣＰ牌照獲取者的法人代表都是中國人。」

這種被人誤解的委屈，馬雲寧願吞下，但他認為正確的事兒、該做的事還是會繼續做。

成長煩惱

現在的年輕人大都在父母的寵愛下長大，父母會小心翼翼地保護孩子不受一點委屈，這使得很大一部分年輕人太嬌氣，受不得委屈，受不得一點不公平的待遇。

人生不如意事十有八九，外面世界完全不同於父母給我們搭建起來的溫室，這是一個野蠻叢林，在這裡生存，註定要受許多委屈。容不下委屈，會嚴重阻礙我們的成長。很多時候，年輕人學會忍讓，學會承擔，比讀出一個好成績來得更加重要。

馬雲說：男人的胸懷是委屈撐大的。他不怕被辱罵、不怕被誤解，這讓他的前進道路少了很多阻礙，讓他可以心無旁騖地做好事情。面對各種委屈，我們要學會一笑了之，要學會超然待之。只有這樣，才能在隱忍、原諒、寬容中成長壯大。

智慧點撥

人是環境之子，身處社會，必然要受到大環境的影響和制約，不是所有的事物，不是所有的強敵，你都可以戰勝。所以，在成長的過程中，遇到點不公平待遇，受點排擠，受點委屈，是常態，是必經的過程。馬雲說：「宰相肚裡能撐船，是因為宰相吃的冤枉太多了。」一個能否承受委屈的人，決定了他能否做大的事情。

Attitude

08

靠實力說話，不理會別人的閒話

「我既要扔鞭炮，又要扔炸彈。扔鞭炮是為了吸引別人的注意，迷惑敵人；扔炸彈才是我真正的目的。不過，我可不會告訴你我什麼時候扔鞭炮，什麼時候扔炸彈。」

馬雲經歷

馬雲聲稱要做一百零二年的企業，要做全中國最好的企業，要創辦全世界最偉大的公司。馬雲給阿里巴巴定下一個使命：要把互聯網帶入網商時代。他的眼光始終放在整個世界，要做全世界中小企業的「救世主」。當馬雲說這些的時候，幾乎所有中國人都覺得阿里巴巴就是個特別能「忽悠」的企業，而馬雲則是「滿嘴大話」的「騙子」、是個「炒作大師」。

對此，馬雲的態度很明確：走自己的路，讓別人說去。馬雲從小就養成了這樣的習慣：只要能增強自身的實力，別人怎麼說都無所謂。

馬雲的少年時期處於二十世紀七〇年代末到八〇年代初，那時也正值中國實行改革時期，來自世界各地的外國遊客紛紛湧入這片古老的東方聖土。他們遊覽故宮、長城這樣的名勝古蹟，參觀上海外灘、東方明珠這些近現代的宏偉景觀……當然，在這中間，擁有西湖和雷峰塔的「人間天堂」杭州也成了很多外國遊客的必遊之地。

這樣一來就給喜歡英語的馬雲帶來了機會。於是，在西湖邊，每當遇到來自世界各地的外國遊客，馬雲就主動湊上去和人家練幾句，還經常免費給老外充當導遊，騎著自行車帶著他們圍著杭州城滿大街跑……瘋狂英語的創始者李陽說過，中國人學英語最忌諱的就是一個「怕」字——怕丟臉而不敢說，怕丟臉而不敢大聲說。而馬雲的優點恰恰是不怕出醜，不怕被人嘲諷，也不怕遭人白眼，他只有一個信念：「只要給我機會說英語，別人怎麼說都不重要！」

由於馬雲經常給外國遊客做導遊，練英語，他的英語口語越來越流利，有時候連老外都以為這個小朋友是從歐美回來的歸國「小華僑」。日復一日，年復一年，馬雲就這樣孜孜不倦地苦練英語，這個昔日的「差生」竟然成了老師和同學們公認的英語奇才。經常出去做導遊，找老外練口語，不僅讓馬雲練就了過硬的「真功夫」，更讓他在小小年紀就打下了廣泛的人脈基礎。

創業後，馬雲將這種精神傳承了下去，但凡能夠為阿里巴巴增加關注的機會，他都不會放過。

一九九九年至二〇〇〇年，馬雲不斷實施著一個戰略行動。他像一隻大鳥不停息地在空中飛行，他參加了全球各地尤其是發達國家的所有商業論壇，去發表瘋狂的演講，用他那張天才的嘴宣傳他全球首創的B2B思想，宣傳阿里巴巴。他一個月內可以去三趟歐洲，一周內可以跑七個國家。他每到一個地方，總是不停地演講，他在BBC（英國廣播公司）做現場直播演講，在全球著名高等學府麻省理工學院、沃頓商學院、哈佛大學演講，在「世界經濟論壇」演講，在亞洲商業協會演講。他揮舞著他那乾柴一樣的大手，對台下的聽眾動容地叫道：「B2B模式最終將改變全球幾千萬商人的經營方式，從而改變全球幾十億人的生活！」他在哈佛與諾基亞總裁同台辯論，贏得台下上千人起立鼓掌。

中國人愛看熱鬧，而西方則比較看重本質，他們總是更關注一個人的業績。在海外，馬雲的名字早已成為中國企業家國際化和全球電子商務的代言人。二〇〇〇年，他成為中國大陸第一位登上國際權威財經雜誌《富比世》封面的企業家；二〇〇一年，馬雲當選為「非官方的國際經濟最高級論壇」——世界經濟論壇的「未來領袖」。同年，美國亞洲商業協會還在好萊塢把年度「商業領袖獎」頒給了馬雲。「馬雲以他的遠見和努力，不僅在很短的時間內使阿里巴巴成為一家成功的國際性公司，而且幫助許多亞洲企業走上了全球化之路。」美國亞洲商業協會主席大衛本田這樣闡述為何美國亞洲商業協會將這一獎項授予這位唯一的非美國籍人士。二〇〇二年五月，馬雲成為日本最大的財經雜誌《日經》雜誌的封面人物，《日經》雜誌高度評價了阿里巴巴在中日貿易領域裡的貢獻。

二〇〇三年，馬雲提出了阿里巴巴全年盈利一億元人民幣的目標；二〇〇四年，馬雲為阿里巴巴定下了每天盈利一百萬元人民幣的目標；二〇〇五年，馬雲為阿里巴巴定下了每天繳稅一百萬元人民幣的目標。雖然外界質疑聲不斷，但是最後的結果是都一一實現了。

二〇〇七年七月二十九日，馬雲在阿里巴巴集團年會上首次確認了上市計畫，為其幾年來的「吹牛」畫上了句號——畢竟，上市普遍被外界看做是資本市場對一個公司的認可，馬雲終於有了真正的「吹牛」資本。但回頭看看，馬雲在每次「吹牛」之後，總會有實際行動拿出來支撐。阿里巴巴B2B業務上市、淘寶打敗eBay易趣、支付寶市場份額第一，都讓馬雲腰桿筆直、口氣更大。

內部人、阿里巴巴負責公關的副總裁王帥一語道破天機：「外界只看到我們的高調，但卻很少人知道我們長達數年的堅持和等待。馬總每次高調言論之後，公司的產品都能及時跟上。」

基於實力的狂妄，這使得馬雲經常在輿論的風口浪尖屹立不倒。

成長煩惱

古語云：「木秀於林，風必摧之，岩出於岸，流必湍之」，意思是說高調的人易遭受攻擊，太露鋒芒的人得不到別人的肯定。那麼，一味低調、夾著尾巴做人就好嗎？現在社會講究「酒香還怕巷子深」，有技術、有能力的人唯有懂得適當表現出來，才能得到領導的賞識和同事的認可，而一味退讓，很可能導致自己被埋沒。

在日常工作生活中，我們到底應該低調還是高調呢？

馬雲一直很高調，他的一言一行都備受爭議。難得的是，他的高調背後有真正的實力做支撐，這使得他的高調有理，而不至於遭人非議，他為我們提供了最好的答案。低調但不要太低，要在適當時候展示自己、表現自己、推薦自己。高調但不要太高，要根據自己的實力說話。在有實力基礎上的高調，一開始可能會招致一些非議，但不用太在意，時間會給出最好的證實。

智慧點撥

在意別人的眼光和看法是時間和精力最無謂的浪費，因為面子是自己給自己的，能力是自己修來的。不過，不在乎不意味著狂妄不可一世。馬雲的經歷告訴我們，真正的傲應建立在有實力、有魄力的基礎上。只有這樣，才可能在人云亦云的時候保持清醒的頭腦，才可在罵聲中依然堅持自己的方向，傲視同儕。

第 2 章

樹立一個遠大目標，用超常規的方式到達

關於夢想與堅持的人生態度

Attitude

09

夢想小時候可以天天變，長大後要始終如一

「人永遠不要忘記自己第一天的夢想，你的夢想是世界上最偉大的事情，就是幫助別人成功。」

馬雲經歷

馬雲小時候和大多數人一樣。他有過無數的夢想，想當司機，想當售票員，想當員警，想當解放軍叔叔，但是沒有一個夢想能夠實現，然後不斷地變化自己的夢想。最多的時候，馬雲一年內換了七八個夢想。但這些並不重要，有夢想是快樂的，每個人在成長的路上一定要有夢想，一個人要想幸福一定要有夢想。年輕的時候，一個人可以亂想，但是不可以不想。「小時候其實變換夢想沒有關係，你需要去不斷地想，不斷地去

想快樂的事情，其實夢想不需要很大，你去想，你就會做得到。」

工作之後，能夠確定下來、志在必得而為之奮鬥的夢想一定要持之以恆。在《富比世》報導的企業中，馬雲的阿里巴巴是一隻小得可憐的小蝦米，但是，這隻小蝦米卻以自己無所畏懼的龐大夢想打動了《富比世》，《富比世》的編輯馬修說：「這個網站有巨大潛力。它雖然在香港註冊，但有超過一百九十多個國家和地區的成千上萬的商人在這裡買賣各種商品，如印度產的活塞，荷蘭的豬腰。給予了小商人莫大便利。」

在正式創業阿里巴巴的時候，馬雲如此描述自己的夢想：「讓其他人追捕鯨魚吧，我們只想捕捉小蝦。」馬雲形容阿里巴巴的經營模式說：「很快我們就會集齊五十萬個進出口商，哪有辦法不賺錢？」馬雲甚至狂妄地說：「我要帶領中國進入互聯網時代，而我的商業對商業網站，會是全球每年六．八兆億進出口零售額的主要入門網站。」今天看來，馬雲的話聽起來稀鬆平常，但在當時，怎一個狂字了得。

回過頭來看，三年後，馬雲的夢想沒有變；五年後，馬雲的夢想沒有變；八年後，馬雲的夢想仍然沒有變。唯一變化的是：他最初設定的夢想一個個都在實現著。

成長煩惱

有一句很經典的廣告詞是：人類失去聯想，世界將會怎樣？同樣，對一個人、一個民族來說，如果沒有夢想，世界將呈現怎樣一種景象呢？夢想為我們的人生指明了方向，每個人都應該有一個屬於自己的夢想。

提到夢想，很多人會滔滔不絕地講個不停，可真正實現夢想的人卻少之又少，為什麼呢？因為通往夢想的道路上充滿荊棘，無數人在半路上就放棄了，他們碰到困難，就開始懷疑夢想的可實現性，最終因為困難而放棄了夢想。

馬雲的經歷告訴我們，小時候我們可以有無數夢想，但長大後，在追逐夢想的道路上，我們一定要始終如一，有所堅持。在困難面前誰都會有懈怠的時候，但是我們要執著夢想永不回頭。美國有一句諺語：「當一個人知道自己想要什麼時，整個世界將為之讓路。」只要堅定地追求，我們最終一定能到達夢想的彼岸。

智慧點撥

通往夢想的道路沒有捷徑，我們只能腳踏實地，隨時準備好迎接困難和挑戰。追夢的路途很遙遠也很坎坷，沒有誰會知道自己的夢想最終是否會實現，可我們都不應該輕易放棄。所有的成功，所有的收穫，都是要你付出無數辛勤的汗水。所謂「一分耕耘，一分收穫。」只有你付出了，你才會有所獲得，白日做夢，只會讓你離夢想更遙遠。

Attitude

10

夢想要大，要有一顆上天攬月的企圖心

「我不相信我們創造不出一家世界五百強公司來，我就不信中國這個市場誕生不出世界上最偉大的企業家！三十年以前，比爾．蓋茨說，三十年以後人類社會每個辦公桌上都將有一台電腦。說這句話的時候，別人都以為他是瘋子。這裡，我馬雲判斷，十年以後，全世界十大互聯網公司中一定有三家是中國的，而世界三強之中一定有一家來自中國；十年以後的世界五百強企業中一定會有一家來自於中國的民營企業。」

馬雲經歷

孫正義見到馬雲六分鐘後就決定投資阿里巴巴兩千萬美元的故事，如今已經成為佳話。對此，孫正義說：「我第一次看見馬雲的時候。那個時候他一無所有，沒有錢，沒

有利潤。而中國的互聯網行業也僅僅是剛剛起步，他和今天一樣瘦。但是他的眼神閃閃發光，五分鐘時間我從他的眼睛裡看到了熱情，看到了野心，看到了力量，我覺得他也和楊致遠一樣瘋狂，所以在第六分鐘我就決定在他的公司投資了。」

富有遠見和企圖心是馬雲最大的魅力所在。馬雲從一開始就具備了大視野、大胸懷和大眼光。

二〇〇六年十一月十一日《財富人生》五週年慶典演講時馬雲說：「最近我跟很多跨國公司，像GE、微軟、沃爾瑪這些公司的高層交流，他們面臨的問題是持續增長，而他們每年如果有五％、十％的增長就很了不得了，但在中國，像我們這樣的企業每年必須保持八十％至一〇〇％的成長。在這種高速成長中，跨國公司當年經歷了什麼，我們今天需要關注什麼，看十年以後的中國，看今天我們必須做什麼。也許說十幾年以前、二十年以前，這些跨國公司做錯了哪些事情，做對了哪些事情，我們必須關注，才能讓我們在未來十年裡順利發展。這是我想得比較多的事情。阿里巴巴還是小公司，剛才說可能是全球最大的B2B公司，但是在全球範圍來講我們還是小公司。我一直認為大公司要有小的作為，小公司要有遠大夢想。現在很多公司的理想都講得特別大，我們越來越聽不懂，大公司的創新就在於小的作用，而小公司的作為要有遠大的理想。」

越是在弱小的時候，越是要有大的抱負，這正是馬雲的過人之處。

通常，我們都認為企業在創業的時候，目標會是比較狹窄和單一的，找準一個市場，想辦法賺錢。只有當企業具備一定的規模和實力後，才會站得高看得遠，才會有走向全國、走向世界的企圖。但這種思維已經是傳統經濟下過時的產物了，在互聯網技術飛速發展、經濟全球化日趨明顯的今天，只有那些在創業之初就具備了放眼全球視野的企業家，才能使他的企業從誕生之日起就具備市場領先者的潛質。阿里巴巴和馬雲就屬於這樣的企業和企業家。

最初創立阿里巴巴的時候，雖然創業資本很少，但馬雲還是將未來的公司定位為全球公司。為了讓全世界的人都能記住他的公司和品牌，他從創業資本中拿出一萬美元買回了阿里巴巴的域名。他認準阿里巴巴這個名字可以跨越國界，流行全世界。在建立阿里巴巴電子商務網站時，馬雲把客戶源就定位在了國內和國外兩個價值鏈上：一頭是海外買家，一頭是中國供應商。他們的口號是「避免國內甲A聯賽，直接進入世界盃」，在培育中國國內電子商務市場的同時，加大力度打開國際電子商務市場。我們從阿里巴巴的機構設置中，就可以感受到它自始至終的國際化戰略。一九九九年，馬雲將阿里巴巴總部設在香港。在美國設立研究基地，在倫敦設了分公司，然後在杭州建立了在中國的基地。

「原來提公司只做八十年，後來我們發現不對，現在都在講百年企業。二〇〇五年，阿里巴巴五週年慶的時候，我告訴同事們，要提一個準確的目標。我們誕生於一九九九年，不僅要在本世紀活滿一百年，還要在下個世紀再活一年，這樣就橫跨了三個世紀。未來的路依然艱難，但是做一百零二年的公司成了每個員工思考的方向。」

「做一百零二年的企業」，可謂是一個偉大夢想，馬雲一直在實現夢想的道路上。

成長煩惱

「缺乏自信與企圖心」一向是困擾年輕人的大問題。深陷於不安、無能感甚至對自我能力持有懷疑的人，幾乎隨處可見。他們總也不敢相信自己可以擁有心中想要的東西。於是他們往往退而求其次，只要擁有一點兒的成就，便覺心滿意足了。事實上，世上有成千上萬的人是被這樣的心態打敗的，在我們的一生中，若對自己毫無自信和企圖心，那將永遠無法發揮潛能，無法取得更大的成功。

個子瘦小的馬雲卻有上天攬月的企圖心，在同學、朋友中，他總能看得更高、更遠，這種遠大的夢想在召喚著他一直向前。夢想有多大，舞台就有多大。「王侯將相寧有種乎？」古人尚且發出這樣的吼聲，今天得天獨厚的我們又豈能妄自菲薄、庸庸碌碌？

年輕人切記不能安於現狀，要有遠大的企圖心，要把這份企圖心視為與自己共存亡的可貴財富，付諸行動，並努力堅持，這樣一定會收穫成功的人生。

智慧點撥

從某種意義上來說，企圖心是成功的保障。獲得成功所要具備的品質是非常多的，比如勤奮、努力、好學、堅強、真誠、愛心、公正、有目標、心態良好、決策力、為人處世的能力、好的人際關係、奮鬥精神等。但這些都是外在的，就好比一輛汽車，這些品質只是汽車的方向盤、大燈、輪胎、底盤、車身、車窗、座位等，而汽車最核心、最重要的部位只有一個，那就是發動機。而企圖心就是你成功的核心驅動力！企圖心是永恆的特效藥、是奇蹟的萌發點。

Attitude

11

在質疑聲中堅持自己的目標

「為什麼一個老闆再難，也不會輕言放棄，而一個員工做得不順就想逃走，為什麼一對夫妻再吵再大矛盾，也不會輕易離婚，而一對情侶常為一些很小的事就分開了。說到底，你在一件事、一段關係上的投入多少，決定你能承受多大的壓力，能取得多大的成功，能堅守多長時間。」

馬雲經歷

萬事開頭難。阿里巴巴網站啓動時，也是如此。據說最淒慘的時候，一天都接不到一條申請資訊。創業幾個月後，阿里巴巴的日進信息量才過百。而這百十條資訊也不能保證都是真實存在的企業資訊。這個時候，阿里人沒有急功近利，一股腦兒都放到網站上，而是從一開始就形成嚴謹的把關作風：在對每一條資訊百分百確認可信後才掛在網上。只有通過審核掛在了網上的企業才能成為阿里巴巴的會員。

一開始，會員的增長率很低，員工都很著急。而馬雲卻提出了這樣的目標：「一年要有一萬個會員！」

當時的阿里巴巴毫無名氣，理論上全世界的商人都可以免費發佈資訊，但是如何吸引到「全世界的商人和企業」呢？

善於在現實中交朋友的馬雲，為苦惱的團隊支招：我們可以在虛擬世界以商會友嘛！於是阿里巴巴團隊就開闢了一個BBS論壇。為了把論壇炒熱，當時包括馬雲在內的所有阿里人，每天的任務就是不停地換馬甲註冊，不停發言討論。人氣就是這樣被馬雲他們炒出來了。會員也因此一天天增多。

這個時候馬雲再次顯示了做大事的潛能。當競爭對手的網站都在忙著開張買賣吆喝賺錢的時候，馬雲並沒有急於對自己的會員開刀，而是繼續給他們提供免費的資訊，讓他們盡情免費展示自家的產品。會員都不是專業的技術出身，他們只會簡單操作，為了讓他們的產品更有吸引力，阿里的技術團隊會免費幫助他們精修圖片和排列組合；對於那些不會發佈資訊的會員，阿里團隊還幫助他們在十二小時內整理在各種免費服務之下，阿里巴巴網站豐富的資訊資源，令競爭對手難以望其項背。

當時互動工作都是通過E-mail進行的，而創業團隊只有區區十幾個人，可想而知，工作難度和工作強度是多麼大。

在這段艱苦的日子，擅於公關的馬雲這次提出了這樣的口號：「半年內誰都不能和媒體打交道。我們的目標是打造一艘航空母艦。」

暗度陳倉的結果是，阿里巴巴在半年的時間內會員突破了八萬名，每天更新資訊八百條，庫存買賣資訊累積二十萬，其驚人的成長速度，即使沒有打廣告，也讓懂行的對手打了個冷戰。

憑藉會員的口碑相傳，阿里巴巴創辦半年，就成為強勢的B2B網站。很快，它的橫空出世，就引起了人們的廣泛注意。不過有趣的是，一開始人們覺得它是一家很特別的海外網站。因為從一開始，阿里巴巴就走了中英文網站齊來的模式，而且總部最開始設在香港，這讓它充滿了神祕感。不過，馬雲這麼做，並不是為魅惑大眾，而是為了更好地借勢國際資本存活。

很快，阿里巴巴的「土著」身分被掀開，於是又有人開始唱衰：這不過是一家翻版美國模式的新網站，撐不了多久的。

但是，阿里巴巴勢不可擋，很快超越了搜狐、新浪、8848等網站的影響力。漸漸地，人們才發現，阿里模式不是海外的跟屁蟲，而是獨創的中國式B2B。

？成長煩惱

弱小的時候受到質疑，是一件再正常不過的事情。在初入社會的時候，甚至在初創業的時候，我們都不可避免地會遇到一些異樣的審視。因為處於弱勢地位，你的工作能力只能受到質疑；因為你的創業前途不明朗，別人對你就有了審視的權力。

這個時候，要記住這樣一句老話：「在弱小的時候倔強，在強大的時候謙卑。」像某句歌詞所唱的那樣：和你的倔強一起上路。面對質疑，要保持一種難得的倔強，一份可貴的堅持。

尋常人都很「臉皮薄」，別人的一點兒質疑目光，就足以讓他放下目標。而像馬雲一樣「厚顏」的人，是對別人的審視和挑剔絕緣的，他只會專注自己的目標，用自己的堅持換回別人的尊重。因為馬雲知道，弱小的時候發聲是沒有意義的，只有強大的時候，別人才會聽到你的聲音，才會仰視你。

！智慧點撥

奧利弗．霍爾姆斯說：「對一個人來說，重要的不是他現在的所處位置，而是他前進的方向，他未來的目標。」目標無疑是我們前行最重要的條件，它就像是頭頂上的星辰，閃耀在我們上空，引導我們前進與奮進。不過，實現目標的過程是艱難，甚至可以說是在備受煎熬，別人的質疑、不理解、批評、指責都是普遍存在的。那麼，我們應該如何應對呢？

無限風光在險峰，為收穫最美的風光，勇於拚搏、永不言棄，堅持攀登是必需的。居里夫人的堅持不懈讓她發現了鐳，愛因斯坦的堅持不懈讓他在無數次實驗後獲得真理，夸父的堅持不懈追回了光明與熱。堅持是我們應對質疑的最佳武器。目標是奮進的指明燈，而堅持是追求目標的法寶。

Attitude

12

即使是跪著也要是最後一個倒下

「即使跪著，我也得最後倒下。而且，我那時候堅信一點，我困難，有人比我更困難，我難過，對手比我更難過，誰能熬得住誰就贏。」

馬雲經歷

「二〇〇一年我們對自己說過：Be the last man standing！即使是跪著我們也要是最後一個倒下！憑今天阿里巴巴的實力也許我們自己不會倒下，但是今天的我們肩負著比以往更大的責任，我們不僅僅要讓自己不倒下，我們還有責任保護我們的客戶——全世界相信並依賴阿里巴巴服務的幾千多萬中小企業不能倒下！在當今的經濟形勢下很多企業的生存將面臨極大的挑戰，幫助他們渡過難關是我們的使命——是『讓天下沒有難做的生意』在今天最完美的詮釋！我們要牢牢記住：如果我們的客戶都倒下了，我們同樣會見不到下一個春天的太陽！」這是馬雲曾說過的話。

阿里巴巴成立的時候，正值互聯網比較流行的一九九九年，之後一年多時間裡，阿里巴巴迅速開拓海外市場，總部設在香港。二〇〇〇年底，網路發展進入低潮，馬雲帶領他的團隊將戰線拉回國內，後不得不將總部遷回杭州。

二〇〇〇年九月十日，是阿里巴巴公司成立一週年的紀念日，也是馬雲的生日。當時幾大互聯網風雲人物，新浪的王志東、網易的丁磊、搜狐的張朝陽以及8848網站的王峻濤等，在馬雲的撮合下，由金庸老先生牽線，召開了第一屆「西湖論劍」。在「西湖論劍」的第二天，馬雲就向公司的全體員工發出了「處於高度危機狀態」的通知。

熟悉互聯網歷史的人都知道，二〇〇〇年是中國互聯網的轉折之年。曾經一路看漲的互聯網神話，忽然間就跌入低谷。受國際大氣候影響，從二〇〇〇年四月開始，納斯達克指數從最高點回落，開始了一輪深幅調整。這輪調整直到二〇〇一年九月才告結束。納斯達克指數從最高的五千點下跌到一千三百點。互聯網分析人士方興東回顧這一年時，用了一個詞彙「從黃金到垃圾」，馬雲所從事的B2B更是垃圾中的垃圾。方興東在文章中寫道：「市場熱的時候，什麼概念都是美好的；市場冷的時候，什麼概念都是虛幻的。市場好的時候，什麼樣的商業模式都是黃金，市場差的時候，什麼樣的商業模式都像垃圾。例如B2C、C2C。」對於B2B，方興東作出了最嚴厲的批判：B2B是最扶不起來的概念。

那段日子，馬雲和他的團隊非常難過。馬雲坦承：「在一九九九年、二〇〇〇年、二〇〇一年我們也面臨發不出工資的狀況，我們沒有收入，但我們要活下去，所有人倒下來了，我們半跪著也要堅持，堅持到底就是勝利，讓自己做一個最後倒下的人。對中小企業來講，在樂觀主義者看來，今天是一個機會，在世界經濟出現大問題的時候，在宏觀調控銀根緊縮的時候，倒下來的一般都是大企業。但是世界上的消費能力並沒有減少，人們還是要吃、穿、用，從這個角度來講，對於中小企業，現在應該說是一個機會。悲觀的人看任何事情都是悲觀的，樂觀的人看任何事情都是樂觀的。」

馬雲無疑屬於樂觀的人。後來在互聯網泡沫過去的時候，他這樣感歎：「互聯網寒冬過得太快，如果可能我希望再延長一年。」在內心深處，他對這次寒冬是心存感激的，因為每一次危機都意味著一次大洗牌，能夠存活下來的企業會因此活得更好。在人生的道路上，難免會遇到一些大的危機，這個時候放棄是最容易的事情，但同時，此刻也最容易獲得大成。因為只需要咬牙堅持下來就可以了。很多事情就是這樣，只要挺過去了那道坎兒，往後走下去就會很順暢。就好比，公司不景氣的時候，你比別人多努力了一點，你咬牙堅持下來了，你今後的發展就會很不一樣。

在二〇〇一年寒冬，「不怕死」的馬雲反而幹勁十足。在他的號召下，阿里團隊拿出了紅軍長征的精神。「我們阿里巴巴那時候做的主要工作第一是「整風運動」，統一對互聯網的看法，加強信心。第二是成立了「抗日軍政大學」，主要培養幹部隊伍。第三是「南泥灣開荒」，就是不能靠別人，要靠自己創造財富。外面很冷，我們裡面是熱火朝天，都在那兒學習，在努力。」

成長煩惱

小米參加書法培訓班，一開始，他信心十足，覺得自己就是書法天才，稍加練習，一定能做出成績。第一周，他廢寢忘食，苦練不止。第二周，他腰痠手痛，覺得練習書法太單調、枯燥、乏味了。最後，他覺得，自己不適合練書法，培訓班不去了，筆墨也被束之高閣了。這樣的事例，在生活中實在是太多了。在實現目標的過程中，年輕人遇到一點點困難，就會很輕易地被打倒，結果，浪費了時間和精力，最終卻一事無成。

馬雲在成功的路上，也曾遇到過這樣那樣的困難，可他從來沒有懷疑過自己，也從來沒想過要退卻，他堅定著自己的目標，堅持著走下去，最終實現了一個又一個的目標。

恐懼、搖擺不定和懷疑是幸福和成功的最大敵人。正因為如此，人類一直都在與之抗爭著。其實，英雄與懦夫的區別僅僅在於英雄比懦夫多了「幾分鐘」的勇敢罷了。普通人面對艱難和挑戰，會繞路走開，避免自己心生恐懼感，而勇敢者則向不可能挑戰，去迎戰內心的恐懼，於是，他們創造了奇蹟。

智慧點撥

在人生的道路上，對拒絕和挫敗的恐懼，是很多朋友止步不前的最大障礙，「我不能……」成了他們的口頭禪。其實，人與人的能力差別是極其微小的，真正的差別在於不同人的思維和信念。對於失敗或被拒絕的恐懼使人望而卻步，阻礙了你去做那些為實現你的目標應該做的事，美好的結果自然也就蕩然無存了。

Attitude

13

在實現目標的路上，多聽聽批評的聲音

「最核心的問題是根據市場去制定你的產品，關鍵是要傾聽客戶的聲音。」

馬雲經歷

二〇〇八年初夏，馬雲突然離開杭州，到位於重慶北碚縉雲山的白雲觀住了三天。利用這三天，他不發一言，完全禁語。「禁語前覺得能不說話真好，禁語後才覺得能說話真好。」三天之後，馬雲走出白雲觀，發出來了這樣的感慨。以口才而聞名的馬雲，很多時間都在講課或者演講，都是他在說，別人聽，通過這種形式的禁語，馬雲開始意識到傾聽和思考別人的話也很重要，如果這些話是稱讚和表揚，我們要聽，如果是批評和指責，我們更要聽。

二〇一〇年一月二號，阿里巴巴集團支付寶全體員工年會上，沒有燈光，沒有掌聲，沒有音樂，甚至都沒有舞台裝飾，黑暗之中全體員工默默地聽著大喇叭中傳出客戶刺耳的抱怨聲和咒罵聲，甚至是破口大罵，罵的全都是支付寶，支付寶總裁邵曉峰是員警出身，但這次他直接被罵哭了，哭得稀裡嘩啦，員工們也撐不住了，在黑暗中默默哭泣，馬雲登台表示：「（支付寶）爛，太爛，爛到極點」，就這樣，年會成了徹頭徹尾的反省會和批判會，原先準備的喜慶的「高管秀」也變成了支付寶十五位高管輪流認錯會。

馬雲說他不止一次在多個場合聽到用戶對支付寶的抱怨，沒有這麼一次折騰，這個公司是走不長的，年會是支付寶正式開始解決自己的問題的時候了。馬雲對待客戶抱怨的態度發人深省，一般老闆認為面對客戶抱怨最聰明的方法莫過於「私了」，他們認為客戶抱怨不是砸場子就是來拆台，公司為了保護自己的形象和利益就應當用先禮後兵的方式對付他們，派出公司中最能言善辯的人先把事兒壓下來，但馬雲卻恰恰相反，他在員工們歡天喜地地開年會時，「敗興」地把客戶的抱怨剪輯在一起，用大喇叭放給員工們聽，直到把員工們都整哭了、整崩潰了才肯甘休。

馬雲的這種行為被媒體稱為作秀或是整人，但是馬雲卻認為這是送給支付寶全體員工的一份新年大禮。客戶的抱怨甚至罵聲儘管難聽，但卻精準地指出了支付寶業務上的隱患和工作上的疏漏，支付寶的同事們應當虛心聆聽並充分利用客戶所傳遞的資訊，盡快加以改正和完善，馬雲在表面上不近人情，但在這件事情上的處理卻用心良苦。

在年會上全體員工洗耳傾聽客戶的咒罵，這應該是企業管理中不可多得的經典案例。客戶抱怨儘管刺耳和令人沮喪，但其實是不可多得的市場資訊和調研精華，只有潛心吸收充分利用，才能贏得顧客和狙擊競爭對手，這豈不是一舉多得的好事。

據美國TRAP公司調研，在一到五美元的低額消費中，當客戶提出抱怨並對企業的處理結果感到滿意時，他的再度購買比率會大到七十％，而那些儘管不滿意且也沒有抱怨的人再度購買的比率只有三十六％；在高額購買時，客戶損失在一百美元以上時，客戶提出抱怨並對企業的處理結果感到滿意時，其再度購買率可達五十四％，那些不滿意也不抱怨的人，再度購買率只有九％。從這個資料中可以看出，企業在處理客戶抱怨時必須慎之又慎。

成長煩惱

馬雲通過傾聽客戶咒罵的方法來改變阿里巴巴，讓阿里巴巴贏得了更多客戶的支援。「不管是做人還是做企業，最難的是自我否定和自我超越！所以，革命先革自己的命。」溫商代表人物正泰集團的創始人南存輝認為：人的一生，最大的競爭對手就是自己。社會怎麼樣，體制怎麼樣，領導怎麼樣，評論起別人來，我們都能說得頭頭是道，可每個人都很難客觀地評論自己，在抱怨世界、指責社會的過程中，很多人忘了，與其期望社會來適應自己，不如改變自己去適應這個社會，還更容易一些。

蘇格拉底說：「讓那些想要改變世界的人首先改變自己。」與自己較勁，就是一個自我修養的過程，就是一個使得自己由「小人」向君子轉變的過程。完成了這個轉變過程，人就成熟了，就會很從容，在和別人共事的過程中，在和別人的合作過程中，在和環境的共處過程中，你都會遊刃有餘。

智慧點撥

喜歡聽好話是人之常情，但好話並不代表真話，好聽話聽多了，容易產生錯覺，不利於發現問題，不利於找準命脈與真話擦肩而過。因此要實現目標，必須養成在批評中成長的習慣，學會在批評中慢慢長大，逐步走向成熟。要工作，要奮鬥，就不可避免地會犯這樣那樣的錯誤，要從批評裡找到有價值的東西，從批評裡提高承受能力，在批評中越來越成熟，在批評中成長、進步。

Attitude

14

不清楚前方會有什麼障礙的時候要開慢車

「在別人最冷的時候我們把門關起來，去把我們的產品做好，等春天來的時候我們就會有收穫。」

馬雲經歷

一九九九年，中國互聯網呈現了前所未有的欣欣向榮。這一年，中國網民暴增，上網人數超過五百萬人，早在前幾年，上網人數還是以千計。然而在這股狂潮裡，馬雲卻沒有迷失方向，他清楚自己該幹什麼不該幹什麼。他這樣說過：其一，「我喜歡開慢車，尤其是在我不清楚前方會有什麼障礙的時候。」其二，「互聯網是影響人類未來生活三十年的三千公尺長跑，你必須跑得像兔子一樣快，又要像烏龜一樣耐心。在前百公尺中，誰都不是對手，你跑著跑著，跑了四、五百公尺後才能拉開距離。」

一九九九年，與丁磊率領網易從廣東大舉北上相反，馬雲做出了南歸回杭州老家的決定。沒想到這一決定使阿里巴巴躲過了後來的血雨腥風。

「北京是一個很浮躁的地方，不適合做事。如果繼續留在北京就慘了，我會被媒體大卸八塊。我也會變得很浮躁，人家跳舞我也跟著跳舞，別人悲哀我也跟著悲哀。當時，全世界都這樣，北京、美國、歐洲都一樣。」

網易的經歷驗證了馬雲的話。北上之後的丁磊很快就迷失了方向，被新浪和搜狐帶得暈頭轉向。他首先放棄了賴以起家的免費郵箱開發，跟著關閉了聚集網易最初人氣的免費個人主頁。網易是以為163.net開發免費電子郵箱發家，一九九九年，丁磊順應門戶發展潮流適時將網易改造成門戶，這沒有錯，網易在最合適的時機以最小的成本、最短的時間構架起了和新浪、搜狐平起平坐的門戶平台，這是極大的成功。丁磊錯在後面，錯在誤以為「做門戶」和「做技術」衝突；錯在誤以為做門戶，就要像新浪那樣「做新聞」。

馬雲的直覺很準：當時他認為電子商務的主要聚集地不應靠近資訊中心，而應靠近企業中心。因為互聯網形勢不明朗，馬雲和阿里巴巴選擇了低調行事，南下杭州後就靜下心來研究自己該怎麼做：「從一九九九年回到杭州以後，我們自己商量確定，六個月內不主動對外宣傳，一心一意把網站做好。」這是阿里巴巴當時的態度。

正是經過一九九九年的內功修煉，加之阿里巴巴接連獲得兩筆融資，馬雲和阿里巴巴才獲得了應對泡沫之後經濟寒冬的資本。

馬雲在關鍵時候，總是能保持清醒的頭腦。所以他的理想主義色彩始終不會把他拖離地面，在最關鍵的時候他還是回到地面上，因此也就有了阿里巴巴今天的發展。

成長煩惱

我們小時候捉麻雀時，用棍子支起臉盆，然後在臉盆範圍之外，斷斷續續地撒下小米，而臉盆下面的小米最多。最初，麻雀還非常謹慎。但是，「嘗到甜頭」後，牠們失去了警惕，忘記了對周圍危險的觀察，跑到盆下面去吃成堆的小米，被我們活捉。順境有時候不是機遇，而是陷阱。

馬雲在互聯網形式一片大好的時候，沒有被順境沖暈了頭而義無反顧地向前跑，而是冷靜下來，慢慢尋找自己的方向。這種冷靜和克制成為了他未來發展順利的基礎。

人在風潮面前，最容易盲目隨大流。從眾服從多數，一般是不錯的。但缺乏分析，不作獨立思考的盲目服從多數，隨大流走，則是不可取的，是消極的「盲目從眾心理」。無論順境或是逆境，都要保持一顆清醒的頭腦，當不知道前方是什麼的時候，適當放慢速度是一個明智的選擇。

智慧點撥

人類的冒險精神，始終是科學發現的最重要的動力。但是，我們要注意冒險精神不是賭徒般地孤注一擲，不是意氣用事的「蠻幹精神」。從前，一個人問一個哲學家，什麼叫冒險，什麼叫冒進？哲學家說，比如有一個山洞，山洞裡有一桶金子，你進去把金子拿了出來。假如那山洞是一個狼洞，你這就是冒險；假如那山洞是一個老虎洞，你這就是冒進。

在失意時不氣餒，堅毅頑強，勇於拚搏很重要，不過，在順境時不放縱，步伐穩健，謹慎前行，更為重要。

Attitude

15

為了明天更好，要勇於擔當和敢於刮骨療傷

「如果今天我們沒有面對現實、勇於擔當和刮骨療傷的勇氣，阿里將不再是阿里，堅持一百零二年的夢想和使命就成了一句空話和笑話！」

馬雲經歷

從成立那一天起，淘寶就開始與假貨做鬥爭。馬雲認為淘寶有兩個命門：一個是假貨，消費者無法買到真貨，二是侵犯智慧財產權，企業的利益沒法得到保護。兩個命門都關係到淘寶的生死存亡。

二〇一一年二月二十一日下午，阿里巴巴集團召開了組織部門全體人員大會，會議之前，馬雲的助理陳偉描述了這樣一個細節：「我看見B2B總裁衛哲從馬總辦公室出

來，當時他的表情是從未有過的疲憊。」

在這次會議上，馬雲公佈了會引起軒然大波的猛料，同意衛哲辭去B2B總裁職務的請求。

馬雲的這次「整風運動」，是由一句「他媽的」引發的。二〇一一年一月，馬雲上網收郵件，看到一位女員工在郵件裡隨口說了句：「他媽的，我還在看一個案子，個別員工可能涉及欺詐問題。」馬雲說他當時好奇：什麼案子會讓一個女孩子說「他媽的」？一番瞭解後馬雲覺得這件事沒那麼簡單。在一次會議結束後，集團立即決定成立一個小組來調查。

獨立調查的結果顯示：二〇〇九、二〇一〇年兩年間分別有一千兩百一十九家（占比一・一％）和一千一百零七家（占比〇・八％）的「中國供應商」客戶涉嫌欺詐；有跡象表明B2B公司直銷團隊的近百名銷售人員，為了追求高業績高收入，故意或者疏忽而導致一些涉嫌欺詐的公司加入阿里巴巴平台。

對此，馬雲非常憂慮：企業的價值觀處在衰敗邊緣！員工更多的是考慮自己而不是消費者的利益得失。他自責在金融危機高峰期雇用了五千名員工，他認為公司實際上不需要如此多的員工，甚至沒有培訓如此多員工的能力。

面對社會的指責，馬雲知道自己必須要有一個交代，必須得有人對犯錯負責。

二〇〇六年，當衛哲加盟之時，阿里巴巴B2B主要是撮合生意，不為交易過程負責。當時會員包括兩大部分：國內貿易部分會員當年突破一千六百萬，國際貿易會員數則達到三百萬。但由於賣家行為不受約束，加上誠信缺失及監管漏洞，賣家違約甚至詐騙的風險較大。

在阿里巴巴上市之後，金融危機蔓延，阿里巴巴所遭遇的衝擊自然不小。二〇〇八年十一月，為應對金融危機導致的外貿出口不景氣，阿里巴巴推出「百億援冬計畫」，並將外貿出口會員服務「中國供應商」升級為「全球寶」，一年會費為五萬元；同時，新推出低價版的「出口通」會員服務，報價為一萬九千八百萬元。

此舉可謂一舉多得。首先，可以讓諸多中小企業客戶受益；其次，迅速增加的會員數量，可以體現在上市公司業績上。不過，這也降低了阿里巴巴的入會門檻。在數量上，至二〇一〇年第三季度，「出口通」會員已迅速增至十一萬。而與此同時的詐騙事件中，兩千餘個騙子據說幾乎全部為「出口通」會員。

馬雲在二〇〇八年金融危機期間，提出「多招人」的想法，阿里巴巴曾一口氣招了五千兩百多人。招那麼多人，訓練機制壓根兒跟不上，有些人就直接去上班了，去前面做銷售了。

客觀上來講，為了解決危機時刻的生存壓力，阿里巴巴B2B模式一直有它內在的問題，衛哲不應該負全責。衛哲在對業績的追求方面無可挑剔，但是，馬雲不允許價值觀的底線與權威被試探、被挑戰。這是阿里巴巴的生命線，他擔心失控。「這次不處理

B2B，將來淘寶怎麼辦？支付寶怎麼辦？阿里好不容易打造起來的商業體系、生態鏈出了問題怎麼辦？」馬雲當時是極為苦惱的。

為了保證價值觀的純正，馬雲只好狠心「殺」衛哲。做出這個決定情非得已，馬雲也很難過，這從二〇一一年二月馬雲談「衛哲離職事件」的內部郵件就可以看出：「過去的一個多月，我很痛苦，很糾結，很憤怒……但這是我們成長中的痛苦，是我們發展中必須付出的代價，很痛！但是，我們別無選擇！我們不是一家不會犯錯誤的公司，我們可能經常在未來判斷上犯錯誤，但絕對不能犯原則上的錯誤。如果今天我們沒有面對現實、勇於擔當和刮骨療傷的勇氣，阿里將不再是阿里，堅持一百零二年的夢想和使命就成了一句空話和笑話！這個世界不需要再多一家互聯網公司，也不需要再多一家會掙錢的公司。」

不管如何，馬雲把一個本來可能釀成危機的「總裁離職事件」變成了一個傳達價值觀的「秀」。二〇一一年四月，馬雲在二〇一一中國綠色公司年會上表示：給衛哲最好的禮物是一道傷疤，之前衛哲身上掛滿了勳章！

馬雲說：「公司越大越要靠文化來治理，制度也是為了強調文化。在這件事情上，我是最痛的，比誰都痛。衛哲離職事件，我可以用一百種方法不讓別人知道，但是我要讓人家知道。我希望阿里巴巴做的事，不管世人評判對和錯，都可以成為榜樣，禁得起考驗。我們每次內部會議都有電視錄影，留給後來人看。」中國的企業在成長的過程中一定會遇到類似的問題，任何企業成長的過程中，都要禁受這一關的考驗。

成長煩惱

孔子的學生曾子就說過：「吾日三省吾身，為人謀而不忠乎？與朋友交而不信乎？傳而不習乎？」翻譯成現代語言就是；「我每天都從三件事反省自己：替人家做事是不是盡心盡力了呢？與朋友交往是不是言而有信呢？是不是按老師教的道理去實踐了呢？」曾子的反思是個人修養方面的，良好的個人修養使他後來確實取得了很大的成功，他的「反思修身法」，也寫進了儒家思想的經典《論語》之中。

馬雲很懂得自我反思，也正是及時而有效的反思，然後改進，讓阿里巴巴一次次從危機邊緣中掙脫了出來。

日常工作生活中，我們要反思的內容很多，取得了成績要總結、反思：經驗是什麼？哪裡還可以改進？成績不理想甚至遭到失敗就更要反思：哪裡出了問題？為什麼會出問題？怎樣解決這些問題？反思要求我們要擅於變換角度看問題，使我們更多地發現問題，解決問題，也才能創造性地工作。

智慧點撥

自省的人會對著自己的「傷痛處」痛下殺手，會自己往自己的「傷口」撒鹽。但是，這些「自虐」是不會白白承受的，天助自助者，當他們在改善自己的時候，當他們努力的時候，在一段時間之後，上天也會幫助他們，讓他們實現自己的目標，達成自己的願望。在自省的過程中，你會發現，隨著自己的改變，世界好像也在同時做出改變來回應你。你與外界會越來越協調，並最終使得外界與你渾然一體。為了明天更好，我們要勇於擔當和敢於刮骨療傷。

Attitude

16

越是身處低谷越是要敢於進攻

「當生意越來越難做時，應該是主動出擊的時刻，而大家都好得不得了時，反而是應該小心謹慎的時候。擴張不是用錢，而是用智慧，現在到了擴張成本最低的時候，為什麼不進攻？敢於從低谷中進攻，恰恰證明了我們的成功。」

馬雲經歷

二〇〇一年左右，有人說馬雲與張朝陽是第一批商業網站中碩果僅存的兩個。

馬雲在一九九九年曾作過預測，「未來一兩年裡會有七十％到八十％，甚至九十％的互聯網公司關門。」大家不相信，但馬雲對自己的論斷深信不疑。據後來統計：一九九九到二〇〇〇年的一個月內，中國有兩千家互聯網企業倒閉。

馬雲這樣說過：「做一個互聯網公司和做一個網站是完全不同的概念，做個網站很容易，做個互聯網公司卻完全不是這回事兒，需要很多的人才，比如管理人才、市場人才等，但在中國怎麼可能在如此短的時間內具備這麼多電腦人才、市場人才、策劃人才？我認為這不太現實。既然能在一個月裡出現兩千家企業，也可能在一個月裡關閉兩千家企業，我覺得這是正常現象。」

和常人不同，當網路熱潮時，其他公司大把大把地燒錢時，阿里巴巴卻又把錢袋子攥得緊緊的。在網路低谷時，阿里巴巴則選擇了大舉進攻的策略。

二〇〇二年互聯網經濟處於最低潮時，《IT時代週刊》寫道：過去兩年，北京的互聯網企業就像電梯從天堂一層層地下落到地獄，幾乎沒有一個互聯網英雄能夠脫離集體瘋狂，也沒有一個能夠逃離瘋狂後的災難，而依託杭州的阿里巴巴卻無可爭議地成為中國最好的B2B電子商務企業。

當別的網路公司都在風馳電掣的時候，阿里巴巴被嘲笑慢似蝸牛，可一旦它們都停滯不前，卻驚見阿里巴巴的快速發展。

馬雲的解讀是：「當生意越來越難做時，應該是主動出擊的時刻，而大家都好得不得了時，反而是應該小心謹慎的時候。擴張不是用錢，而是用智慧，現在到了擴張成本最低的時候，為什麼不進攻？敢於從低谷中進攻，恰恰證明了我們的成功。」

做一家互聯網公司和做一個網站有著天大的區別，一個是做企業家，一個是做商人。境界不同，採取的發展路徑也不同。因此，馬雲就反問道：「人們很羨慕微軟、IBM等公司的輝煌，可是有多少人知道它們經歷了多少年的掙扎？在它們經歷磨難時又有多少人關注過它們？」

二〇〇八年經濟危機爆發後，在風聲鶴唳的經濟寒潮中，全世界所有的企業不是在降薪就是裁人，馬雲卻做出了一個很酷的決定：「逆勢」厚待員工，年終獎照發，而且對於表現優異的員工還要漲工資。

如果阿里巴巴說裁員兩千人、不發年終獎，估計也沒人會反對。但馬雲最後的決定使他的解釋樸實而真誠：

「這時候我們做出決定是要不要給他們發年終獎，這個年終獎是很多人期盼的，這個工資也是在冬天到來的時候你該不該對員工負責任。所以我認為二〇〇八年是阿里巴巴創辦九年以來最成功的一年，因為這一年我們躲過了金融風暴，這一年我們做了全面的準備，做了大量的調整，員工做了大量工作改造了自己的產品，一切都很好，我們應該給員工年終獎，並且給優秀的員工加薪。」

馬雲認為，對員工加薪不應該跟外部經濟形勢掛鉤，他幹得好你承諾他的就應該給他加，但如果是外面經濟形勢非常好但他們幹得不好也不能加，跟外部經濟形勢是沒關係的。「不能說今年經濟形勢、股票很好大家發點獎金吧，幹得不好一點都沒有。企業應該堅守承諾，你答應員工的事情就全力做好，除非公司實在不行。」照發年終獎的決定出來以後，一萬多名員工心裡非常踏實，因為公司堅守承諾，他們更有信心幫助更多的中小企業成功。

成長煩惱

困境可怕嗎？馬雲說，困境並不可怕，因為困境的背後很可能孕育著生機。

有這樣一個故事，一頭驢子不小心一頭栽到了一個深坑裡。他的主人一看，坑太深了，根本無法救出驢子，卻又不忍走開，讓驢子活活地餓死。想來想去，最後只得痛下決心，直接將驢子埋在土中。農夫開始用鏟子往坑裡扔土，然而每扔一次土，驢子就會本能地將身上的土抖掉。就這樣，農夫往驢子身上扔土，驢子再把土抖掉，如此反覆，坑漸漸淺了，驢子被土墊高了。最後，驢子就踩著被墊高的土層走出了深坑。

很多事情看似糟糕透頂，但是其背後往往潛藏著轉危為安的妙機，所謂絕處逢生、否極泰來講的就是這個道理。危機是一面鏡子，可以照出一個人的意志和魄力。很多人在困難和挫折面前不堪一擊，只有真正的強者才會在低谷時刻表現出非凡的戰鬥力和超越困境的人道關懷。在人生低谷，多一點正能量，多一點人性，冷靜、深入、細緻地分析問題、處理問題，積極尋找解決之道，說不定新的機遇就蘊藏在危機之中，等危機過去，你會迎來倍增的回報和收益。

智慧點撥

人的一生中不可能不遇到困難，甚至是大的災難。問題是，當有人面臨困難時，他們無所畏懼，百折不撓，將困難視為生活的一種考驗，並使之轉化為一種積極有利的因素；而有些人遇到困難，首先是畏懼退縮，為之折服，並且抱怨，他們把困難當成是一種無法通過的障礙。困難像彈簧，看你強不強，你強它就弱，你弱它就強。

Attitude

17

人最怕的是自己不再是原來的自己

「初戀總是美好的，但是人們往往會遺忘初戀。創業後一定要多多回憶當初創業的初衷，要想想自己當初創業時為什麼要做，創業要做什麼，只有時刻反思才能做好創業。」

馬雲經歷

艱苦的創業，是一筆財富，因為艱苦，更具故事性，就更具傳播性。每家企業都有屬於自己的特色文化，其中一個很大淵源就來自艱苦創業階段積累的創業精神。阿里巴巴的文化基因裡，有一則重要的價值觀叫做湖畔花園精神。顧名思義，這則精神的淵源來自一個叫做湖畔花園的地方。湖畔花園不是一個花園，而是一座普通得不能再普通的民宅。它原本是馬雲為自己打造的家庭歸宿，卻不經意間成為偉大的創業之家。因為在這裡誕生了赫赫有名的阿里巴巴和淘寶網，所以這套四居室的民宅成為了中國眾多居民樓中最出名的民宅，不僅阿里人記得，就連很多崇拜馬雲的人也記得它的具體地址——湖畔花園風荷院十六幢一單元二〇二號。

這套僅僅一百五十平方公尺的民宅，在很長一段時間內充當了辦公、宿舍二合一的角色。一九九九年，馬雲率領大家創業阿里巴巴的時候，一窮二白，連租個像樣的辦公室都沒有本錢。一堆人就整天吃住辦公在這裡。一般人難以想像，一個主臥，居然能容納下二十五個人集體辦公！

條件相當艱苦，大夥兒白天忘我地工作，晚上倒頭就睡。據馬雲後來回憶，那段時間，大家把整個空間都利用到極致，晚上一堆男人黑壓壓躺一片，因為太累，鼾聲一個賽過一個，聲震天花板。那時候因此也接到過不少鄰居的抱怨，不過時間久了，大家也諒解了。

儘管困難重重，但是因為有了馬雲，大夥兒對前途充滿信心。有一次，在一起吃麵條的時候，馬雲晃了晃手中的一串鑰匙：「這就是咱未來的寶ＢＭＷ鑰匙，一人一把！」馬雲說得動情，大家都聽得認真。後來，阿里上市後，這批跟著馬雲熬過來的人，一夜之間都成了千萬富翁，全部擁有了買ＢＭＷ的資本。

在馬雲看來，湖畔花園是阿里巴巴集團的根，它代表著艱苦奮鬥，是阿里人最寶貴的精神財富，任何時候都不能丟。後來，馬雲不止一次在演講的時候，反覆強調這種艱苦奮鬥的精神：

「記得一九九八年年底，在長城上，我們發誓：要創建讓中國感到驕傲、讓全世界感到驕傲的公司。我也想到了寶寶回杭州的時候，湖畔花園窮途四壁。我還記得那時候他打電話給我，說因為沒有空調，『手很冷』，然後到第一次融資，我們搬到華星。當時我第一次擔心，怕阿里巴巴不是阿里巴巴。我怕我們失去了湖畔的精神。但是我們在華星，很好地保留了當時的文化。昨天我走回公司，發現了樓下一大排計程車，這讓我想起了在華星，每天晚上到一兩點的時候，都有許多計程車司機在外邊等。所有的杭州司機都知道，阿里巴巴再晚也有人在那工作。但是現在，我又開始擔心了，創業大廈比華星更豪華，阿里巴巴會不會變化？我們的旗還能扛多遠？」

馬雲的擔心不是空穴來風，二〇〇七年阿里巴巴上市後，隨著「身價」的提高，很多員工變得心浮氣躁起來，原來一心一意撲在工作上的勁頭兒有點喪失了。眼見著大夥兒「暴發戶」的模樣要出來了，馬雲再次重談艱苦奮鬥的精神，他提出了「可以得意不可以忘形」的口號，號召大家不要因為有了錢而喪失鬥志。馬雲嚴厲地表示，錢是一個可怕的東西，它可以改變一個人，而人最可怕的就是變得面目全非，不再是原來的自己。有了錢，應該比以前更加勤奮、更加投入地激情下去。如果為了錢而工作，就很容易出問題。這樣的人阿里是不歡迎的，這樣的人就不要抱怨會被新人所取代。

馬雲本身就是一個很有說服力的人。多年來，他保持著對財富免疫的能力。條件的改變，金錢的增多，絲毫沒有改變他的精神，他的草根作風。在二〇一〇年和八零後對話節目中，馬雲說：「對我來講我要做的事太多，想做的事情也很多，這樣錢不是我的。第一天我就沒有認為阿里巴巴的錢是我的，我馬雲的錢是我的。我花不了多少錢，我一年花錢很少，我也不購物。」

熟悉馬雲的人都知道，他的鞋和衣服都是在自家的淘寶上比價買的。最讓人受不了的是，截至公司上市，他的襯衫都還是「的確良」的。優米網創始人王利芬在和馬雲一起參加達沃斯論壇時，有機會對馬雲進行了近距離觀察，之後她就對馬雲佩服有加，她說身上有濃郁的草根特性，這種潔身自好、富而不忘其志的精神，在暴發戶眾多的中國企業家界，實在難能可貴。

阿里巴巴集團越變越輝煌，可是馬雲似乎還是原來的馬雲。

成長煩惱

有一個引人深思的小故事：有個人爬梯子，爬呀爬，千辛萬苦終於爬到了房頂上，然後他非常得意，把梯子撤掉，然後大聲地對著底下想爬上來的人喊：「快上來啊，我就是這樣飛上來的。」下面的人急得抓耳撓腮，但沒有梯子，就是上不去，於是他們一氣之下，把房子拆了，最後，上面的「成功者」就這樣被摔死了。這個故事告訴我們：你可以炫耀，但是千萬別因此自掘墳墓。

人很容易犯下這樣的錯誤：在苦的時候是一個樣子，在成功的時候又是另外一個樣子，前後可謂面目全非。穿越貧窮和苦難的歷程中，很容易顯示一個人的本性。小成面前把持不住自我的人，註定不能大成。

海爾集團張瑞敏被稱為商界領袖，在他的書房裡赫然寫著八個大字：「戰戰兢兢，如履薄冰」。張瑞敏認為，人在逆境中一般不會犯錯誤，因為這時候他為了生存，一般都能做到謙虛謹慎，但一旦進入順境中，則很容易把持不住自己，自認為「老子天下第一」，喪失自己成功的根本，「因得意而忘形，因忘形而忘本，因忘本而栽跟頭。」

當當網執行總裁俞渝在回顧當當所犯的錯誤時說，當當在融資一千兩百萬美金之後，覺得無所不能，竟然在一年時間花掉了十年的錢，終於在泡沫破裂之後吃盡了苦頭，公司數次瀕臨倒閉。從此，俞渝老老實實地承認，當當網不過就是一家賣書的公司，只不過別的書店是開在大街上，而當當是把店開在了互聯網上而已。

成長的路上，一定要養成這樣的習慣：不斷歸零，不斷重設目標，主動回歸原始角色，不忘初衷。

智慧點撥

黑格爾說：「生命只有在以某種有價值的東西做目的時，生命才有一種價值。」找準自己人生的位置，確定未來發展的方向，不僅僅是對我們的一種促進，更是對我們誤入歧途的一種有效約束。

一架飛機沒有目的地，它永遠也不會著陸，一艘輪船沒有確定的目的地，它會在漫無邊際的大海中航行直到能源耗盡。其實，在氣流或風浪的影響下，飛機或輪船每時每刻都在「試圖」偏離航線，只不過它們的操縱者每次都把它們糾正了回來，這樣才能到達目的地。

一個人最怕的是喪失了目標，無法駕馭自己，他會讓自己像木偶樣任人擺佈，他也會像一口井般毫無生機。因此，一個清晰明確的人生定位有助於我們增強抵抗能力，並隨時調校自己的方向，目標對每個人都是至關重要的。

第 3 章

保持一點逆鱗，相信非理性的神奇力量

關於為夢想拚搏的人生態度

Attitude

18

要有一股瘋勁兒，只有偏執狂才能生存

「從做互聯網的第一天開始，我先是被人當做騙子，而後被人當做瘋子，再後來才被當做狂人。關於別人怎麼看我，我已經根本不在乎了。在這個社會中，你是不是真正在做有意義的事情，這個才是最重要的事情。」

馬雲經歷

一九九五年八月，三十歲的馬雲把一群記者請到自己位於杭州西子湖畔的家中，當著他們的面連上了互聯網。眾所周知，那個時候的網速可謂比蝸牛爬得還慢，據說馬雲用了三個半小時才下載完一張圖片。馬雲這樣做的目的，不是顯擺，而是用事實證明：「我不是騙子！神奇的互聯網是真實存在的！」

和其他互聯網精英，如張朝陽、丁磊、李彥宏等人不一樣，馬雲從來沒有優越感，不僅沒有上過世界一流的大學，連所讀的小學、中學都不是什麼重點學校，他始終活在平常的普通人中。很多人常常在杭州的大排檔裡見到喝得微醉的馬雲，和那些藉著酒精神侃瞎吹的小市民並無兩樣。所以，當這麼一個「粗人」決意要做互聯網的時候，很多人都覺得他瘋了。

一九九五年，馬雲正式創業做企業黃頁網站，為了盈利，他不得不每天四處遊說，逢人就誇互聯網的神奇，為的就是讓這些企業主掏腰包把企業的資料放到網上去。因為誰也沒見過互聯網是個什麼樣子，它到底有沒有用還需要時間的考驗，所以當時沒有人相信他。很長一段時間內，馬雲被視作騙人的瘋子。

五年以後當馬雲再一次出現在媒體人面前的時候，那時他的身分已經是《富比世》的封面人物。第二次創業的時候，馬雲把自己的公司取名阿里巴巴。他逢人就說：「阿里巴巴網站必須做到與眾不同，必須迅速覆蓋全球。」這樣的話讓包括他的「十八羅漢」在內，都覺得他又有點兒「犯病了」。

但是大家在他的激情感染下，跟著他沒日沒夜地工作，據說當時還是在馬雲的家中，地上有一個公用睡袋，「十八羅漢」誰累了就鑽進去睡一會兒。

而馬雲則再次發揮了自己的口才優勢，為了阿里巴巴，這一次他將遊說對象擴大到了全球。他到世界各大大學去做演講，凡是有電子商務網路會議和論壇的地方，就必有馬雲高談闊論宣講B2B模式的影子。怪異的長相、極具煽動性的口才和超越全球的商業思想，竟然交融在這個枯瘦弱小的黃種人身上，凡聽過他演講的人無不印象深刻。

馬雲馬不停蹄地全球巡講，一方面形成了極高的人氣，引起了海外媒體的關注，另一方面也意外地吸引到了風投們的關注。馬雲在國人眼中的瘋言瘋語，在風險投資家看來，卻是「無比清楚地知道公司的使命和願景」。於是，上百家風險投資商輾轉找到了馬雲。這其中就有馬雲和阿里巴巴最大的貴人——被稱為「全球互聯網投資皇帝」的日本軟銀公司的董事長孫正義。

至此，馬雲的「瘋行」終於取得正果，孫正義甘心為其狂妄買單。在他看來，馬雲身上具備卓越領袖的魅力，以實力和自信支撐的狂妄，可以引導著阿里巴巴的航向，去取得一個又一個輝煌。馬雲其後的表現驗證了孫正義的眼光。

成長煩惱

現實生活中，很多人受到程式化約束，習慣了循規蹈矩，跳不出既定的圈子，更多人則是沒有勇氣打破傳統。於是，墨守成規，不能夠推陳出新，成為了「正常人」的標準，相反，那些第一個吃螃蟹的人則被視為是「瘋子」。

英國詩人布萊克說過：「打破常規的道路，通向智慧之宮。」一個人若要有所發現，有所創造，就要打破定式思維，勇於求新求異，探索真理。美國萊特兄弟如果認為人無法淩空翱翔，就造不出世界上第一架能真正飛行的飛機；哥白尼如果承認了荒謬的「地心說」，就不會提出正確的「日心說」；富爾敦如果聽從了父親的勸阻，就造不出世界上第一艘蒸汽船……所以說，只有不屑於咀嚼陳舊的老調，思維向更廣闊的層次拓展的人，才能尋覓到完全嶄新的意境。

馬雲曾經的瘋狂，後來被證明是先見之明，追逐理想的路上，不同於常人的瘋狂是必經的階段。

智慧點撥

安迪．格魯夫說過：「只有偏執狂才能生存。（Only the Paranoid Survive）」在這樣一個時代，很多時候，要做成點事兒必須有一種瘋勁兒。正如瘋狂英語的李陽有本書叫《我瘋狂，我成功》。很多人都說成功的人與正常人不太一樣，因為他們都有一種瘋狂的偏執精神。正如馬雲一樣，因為有不同於常人的超常眼光，才被人家當作騙子，但他並沒有因為後知者的短期不能接受而放棄自己的追求，而是選擇做一個執著的「瘋子」，生存了下來。當瘋狂到了極致，就會演變為偉大。

Attitude

19

「盲人騎瞎虎」，成功很多時候是偶然的

「我時常覺得我是盲人騎瞎虎：自己眼睛是瞎的，騎著的老虎也是瞎眼的，一路顛簸到現在。我們這家公司成功是偶然的。沒有任何資源，是借了兩萬塊錢開始，每天計畫著下面的錢花出去能不能收回來。直到今天，我們依然說我們還不懂得互聯網是怎麼回事。」

馬雲經歷

儘管馬雲的成就如此顯著，但是說到自己的成功，他說，自己是稀裡糊塗走向了成功。馬雲這麼說並不是庸俗成功者的事後矯情，回首他的創業之路，我們會發現這的確是一句大實話。

一九九五年，馬雲因為在學校當老師和

業餘在夜校當講師，還是杭州英語角的舉辦人，十分活躍，就有了「杭州英語最好的人」的口碑。很快這一口碑為他帶來了一個絕佳的機遇。當時杭州市政府因為要和美國的一位投資者談判，急著找翻譯，就請到了「赫赫有名」的馬雲。

馬雲介入之後，發現這位投資客越來越不對勁，在美國走訪了一圈，馬雲確證了他是一位不折不扣的國際大騙子。這位騙客在被馬雲識破之後，乾脆拉馬雲入夥，一起進行國際詐騙，馬雲堅決不幹這種事兒，惱羞成怒的騙客就將他軟禁了起來。

被迫無奈的馬雲，只好為了「越獄」而絞盡腦汁。急中生智，他利用自己的口才優勢，向這位投資客提出了一個建議：合作投資互聯網。當時，馬雲聽一個同事說起過幾次「互聯網」的神奇，而他本人從來還沒有接觸過呢。而要接觸互聯網，不就能走出「監獄」了嗎？馬雲打好了如意算盤，就講得格外賣力，久而久之，這位騙子還真被他勸動心了，就放他出去考察了。

馬雲並沒有趕緊開溜回國，而是趁機真的去瞭解互聯網了。當他走進西雅圖的一個小網路公司，立馬著迷了。

從來沒玩過電腦的馬雲被那位投資客安排到這家小公司享受特權：隨便玩！不會玩的話，有人負責現場教會！當時，谷歌搜尋引擎還沒有問世，華人驕傲楊致遠創立的雅虎也還沒有形成影響力。馬雲使用一個不出名的搜尋引擎，笨手笨腳地輸入了「beer」一詞。搜索出來的結果有德國的，有美國的，還有日本的，但是沒有中國的。馬雲隨後輸入了「Chinese beer」一詞，搜索結果顯示，關於「中國的啤酒」，互聯網上還沒有相關資訊。

首次接觸互聯網讓馬雲既興奮又沮喪，一方面互聯網真的和傳說中的一樣神奇，另一方面它卻幾乎找不到任何有關中國的資訊！環顧了一下這家小公司，所謂的辦公室不過是兩間小屋子，還沒有他杭州的家大；員工也才區區五人，還沒自己的翻譯社人多。一個念頭陡然湧上：為什麼不回國去辦一家互聯網公司呢？

為了驗證一下這個想法靠譜不靠譜，馬雲央求這家網路公司的工作人員為自己的海博翻譯社當場設計了一個簡易網頁，上面掛上了自己的聯繫方式。結果當天晚上就收到了五封來信，有美國人也有華裔。特別是華裔，更是打電話對馬雲這樣感嘆：「天啊，這是我看到的關於中國的第一個網頁！」

這次試驗堅定了馬雲做中國互聯網第一個吃螃蟹的人的決心。當時他就決定和這家西雅圖的麻雀公司合作，一起去占領中國大市場。

原本為了脫身而信口編來的理由最終成為了事實，馬雲和那位美國騙子再次談判，由他在美國負責技術，馬雲在中國尋找企業資訊。於是很快就有了「中國黃頁」這一中國最早的互聯網公司之一。馬雲就是這麼稀裡糊塗地引領了互聯網江湖。

而關於「中國黃頁」的成功盈利，馬雲坦言，更是偶然。憑藉興奮和衝動創辦了公司之後，馬雲發現關於如何賺錢，他根本毫無想法。直到有一次去飯店就餐才醍醐灌頂。

馬雲就餐的這家飯店當時很小，後來才變得很大。馬雲點完菜之後，經理突然走過來讓他重新點一次，馬雲大吃一驚。飯店經理客氣地解釋：「你點了四個湯一個菜。你回去的時候，一定說飯店不好、菜不好，實際上是你菜點得不好，我們有很多好菜，你應該點四個菜一個湯。」馬雲覺得很震撼，這麼小的飯店居然能如此周到地為顧客著想。同時，他也得到很大的啟發：為客戶著想，當客戶成功了，自己才能跟著受益。這一經營思路從中國黃頁時代一直延續到後來阿里巴巴和淘寶時期，奠定了馬雲的成功基石。

成長煩惱

有人說，天下最悲哀的一句話就是：我早就想到了，可惜我沒做。比如：「如果我幾年前就開始那筆生意，早就發財了！」「如果我早一點向她求婚，她就不會變成別人的新娘。」有機會遲遲不見行動，事過境遷再來後悔，是很多人的通病。

其實，很多機會並不是以閃著金光的形象出現的，成功者也並不是一開始就認定了它就是引導自己成功的機會，他們只是隨性去做了，並最終取得了成功。

年輕人很多時候覺得迷惘是正常的，因為成功很多時候是偶然的，它並不像忽悠大師們所說的那樣「事出必然」。稍作研究就會發現，很多成功者都如馬雲一樣，在一開始的時候，對於未來並沒有一個十分清晰的藍圖，而是在實踐的過程中，偶然抓住了機遇。所以，當我們在付出努力而不見大收穫出現的時候，心態要淡定，失之東隅，且收之桑榆。走著走著，沒準兒就會柳暗花明又一村。很多時候成功的腳步來得很慢，人生大部分的時間是用來等待那個姍姍來遲的「偶然」。

智慧點撥

很多人覺得，一個具有傳奇色彩且備受矚目的人，他的一生就像是被安排好似的，不管以前經歷的是磨難還是煎熬，但是，最後的結果殊途同歸——都將成為各個領域的先鋒人物，甚至是擁有更加至高無上類似於「奇蹟」、「神話」般的頭銜。其實，他們的成功並不是一個奇蹟。他們只是在別人因為迷茫而原地不動的時候，行動了起來，一步一個腳印，世上本沒有路，他們卻最終走出了一條路，並登上了自己人生的最高峰。

Attitude

20

創新不是設計出來的，而是被現實逼出來的

「我從不使用諮詢公司，也很少理會學者的說法，因為他們的理論都是事後歸納出來的。創新絕對不是提前就設計好、按圖索驥地一步步走下來的。創新沒有理論，也沒有公式，就是一個個地解決問題。我相信，天下有一千個問題，就有一千個回答。」

馬雲經歷

關於阿里巴巴是什麼？馬雲說他最誠實的回答是：「告訴你們，其實連我也不知道。」現實在不停地變化，要給出一個標準答案，實在太難。

馬雲非常認同分眾傳媒創始人江南春的一句話：「有創意的人很多，但能執行創意的人很少。」

馬雲也曾經就這個問題與另一位達人——日本軟銀集團總裁孫正義討論過：到底哪一個更重要：「一流的點子」加「三流的執行水準」或者「三流的點子」加「一流的執行水準」？結果兩人得出一致答案：「三流的點子」加「一流的執行水準」最重要。

馬雲說，工業時代的發展是人工的，而網路經濟時代一切都是資訊化的，難以預測。因此阿里巴巴不是計畫出來的，而是「現在、立刻、馬上」幹出來的。

定位中小企業，被外界評價為阿里巴巴最大的商業模式創新。對此，馬雲說，「如果你要問我，阿里巴巴為什麼這麼厲害？你是如何這麼早就預測到電子商務？那我要告訴你，其實當時我們沒有其他路可走。」

選擇電子商務是形勢所逼：當時的網路經濟模式只有三種，要麼做門戶網站，馬雲他們沒錢沒資源；要麼做遊戲網站，馬雲又不想自己和別人的小孩子們泡在遊戲裡；要麼做電子商務，馬雲他們最後只能選擇後者。

支付寶，現在看來也是一個很成功的創新，但馬雲又表示：那也是被「逼」出來的。當年，淘寶剛火起來的時候，是沒辦法交易的，中國的網上誠信危機逼著馬雲他們必須解決支付的問題。

關於做支付寶的事情，馬雲說過：「這個事兒得國家發牌照，做還是不做？大的國有銀行不願意涉足這個領域，但是他們不做，花旗銀行、滙豐銀行這些外資銀行就會做。那年我參加會議的時候，聽一位領導人講：『什麼讓你創新和做出對未來的決定？

那是使命。』所以我告訴同事們，我們做『支付寶』。但是我會每個季度向央行等有關部門報告我們到底怎麼做的。要做得乾淨，做得透明。」

當馬雲一開始將做支付寶的模式講給學者專家們聽的時候，對方一針見血地指出：「不就是仲介擔保嗎？太愚蠢了，這個東西幾百年以前就有。早就淘汰了，你幹麼還要做？」馬雲也承認「支付寶算不上創新」，但是「我們不想去創造一種新的商業模式，只不過是為了解決很現實的問題，至於它在技術上有沒有創新，那不是我們關心的話題」。

馬雲說他從來不談「模式的創新」，因為他無法在每個公司創業第一天就規劃它成形的樣式。馬雲認為，創新是靠「需求」逼出來的：客戶需要什麼，就調整成怎樣。

成長煩惱

這是一個提倡學習與創新的時代，成功路上，勤奮努力是基礎，創新務實是關鍵。年輕人是最具有創新熱情和創新潛力的群體，他們知道，只有不斷創造，勇於創新的人，才能迎來人生的春天。不過，在創新的道路上，很多年輕人不知不覺間走了彎路，他們為了創新而創新，結果，創新的成果脫離現實，產生不了任何社會意義。

在馬雲的成功道路上，他從沒有時間停下來去想，我是不是應該搞點創新，他的每一步創新都是被現實逼出來的，不管是阿里巴巴還是支付寶都是為了適應實際需要而做出的自然而然的選擇，事實證明，基於現實的創新才是最有生命力的。

馬雲的經歷告訴年輕人，創新應該從改變現實開始，在解決問題中創新，這樣的創新才最有價值。

智慧點撥

關於前途，關於未來，每個人都有各種五花八門的想法，我們稱之為「理想」。理想之所以很難照進現實，就因為它是無法預先設想出來。華彩的人生是不可能被設計出來的，馬雲告訴我們正確的做法就是腳踩現實的西瓜皮，邊滑邊思考，滑一步再滑一大步。為了創新而創新，最終必將失敗。

Attitude

21

倒立者贏，黑暗中走路靠逆商

「在平時，我們很少會意識到，那些看起來強大的事物，如果倒過來看的話，就並非那麼強大了。」

馬雲經歷

據說，馬雲為了迎接他年少時代的偶像——日本電視連續劇《排球女將》小鹿純子的扮演者到阿里巴巴來訪問，他要求全體員工採取倒立的姿勢迎接。

倒立，是淘寶公司特有的一種文化。馬雲會下了死命令，阿里巴巴的每一個人，不論男女都必須學會倒立。淘寶在華星大廈的辦公室裡設有專門的倒立牆，馬雲對這面牆極為重視。二〇〇七年公司搬家後，倒立牆依然有自己顯赫的地理位置。

馬雲對倒立的重視，有幾個方面的考慮：首先是堅持倒立有助於身體健康；第二是你一個人做不到，在有人幫助的情況下，就一定能做到，這就是團隊合作；再一個，也就是馬雲的真實目的——在平時，我們很少會意識到，那些看起來強大的事物，如果倒過來看的話，就並非那麼強大了。

一九九九年阿里巴巴創辦淘寶網的時候，易趣已經占據了中國七十%的市場份額，可以說易趣當時在中國已經是一手遮天了。eBay憑藉在全球C2C市場的實力，出於對中國市場的窺伺，開始對易趣進行收購，躊躇滿志欲征服中國。淘寶的出現一下子打亂了eBay在中國市場的戰略，eBay揚言，要用十八個月逼退淘寶。面對eBay的威脅，馬雲並沒有害怕。

「換一種角度來看eBay，它看起來很強大，但是如果倒過來看，eBay一點兒也不重要。」馬雲此時搬出了自己的倒立法寶，「eBay可能是條海裡的鯊魚，可我是揚子江裡的鱷魚，如果我們在海裡交戰，我便輸了，可如果我們在江裡交戰，我穩贏。」

習慣「倒立」，讓馬雲及其團隊看問題的方式與眾不同。eBay在北美市場靠向賣家收費而受到投資商青睞，它從一開始就盈利，而且獲利頗豐。可是，馬雲卻宣布中國的淘寶是免費的，而且「幾年內都將免費」。

在中國，eBay剛一併購易趣，很快就推行收費政策，直奔盈利主題，而馬雲卻表示：還要燒錢，已經準備了五年的資金來支援淘寶的免費政策，並且「投資商嫌我們花錢太慢……」，馬雲認為二〇〇五年前後的中國C2C市場還不是一個該不該收費的問題。因為中國的C2C消費市場非常不成熟，還需要培育，重點在於完善資訊流、資金流、物流的產業鏈。

遊戲規則在最最敏感的一點上被重寫了，從收費到免費，無疑是一次讓人熱血沖上腦門的「倒立」。其實，馬雲並不比別人更懂「滑鼠」，而是更理解「水泥」，更理解中國的為人之道。儘管他的商業模式在美國、歐洲都找不到現成的榜樣，卻實實在在生長在中國這塊古老的土地上。

成長煩惱

馬雲的倒立思維使得新生的淘寶看清了中國的市場，而沒有去模仿eBay這個行業裡的巨頭。對手是比想像中的強大還是弱小，這取決於你看待它的方式。當你死盯著它的時候，越看越覺得強大；而如果像馬雲說的那樣倒立著看，就會發現它的弱點。

「這太難了！」、「這不可能！」在現實生活中，我們總會碰到很多看似強大的事物，我們會下意識地認為，戰勝如此強大的事物是不可能的。其實，真正阻礙我們的是我們心理上的障礙和思想中的頑石，踢開頑石的最好方法是換個思路，不畏懼、不退縮，再強大的事物也會有突破口，找到突破口，然後行動起來，再大的障礙也會轟然倒塌。

不過，心中的頑石不像生活中實際存在的石頭一樣，能夠輕易地搬走。心中的負擔是在無形中形成的，也是不容易真正去除的，這就需要信心、勇氣和恒心。而機會是從來不會青睞盲目等待的懶漢和悲觀失望的懦夫，只會看好那些執著地追求、始終不言放棄的人。

智慧點撥

所謂「逆商」，是人們面對逆境，在逆境中的成長能力的商數，用來測量每個人面對逆境時的應變和適應能力的大小。逆商高的人在面對困難時往往表現出非凡的勇氣和毅力，鍥而不捨地將自己塑造成一個立體的人；相反，那些逆商低的人則常常畏畏縮縮、半途而廢，最終一敗塗地。在我們的生活中，絕大部分的恐懼都是沒有存在理由的，往往是人們對自己缺乏信心而造成的，這就要求我們身處逆境更要保持勇氣、信心及創造力，在逆境中的選擇隱藏著成功的契機。逆商才是人生成敗的關鍵。

Attitude

22

逆向思考，把顛覆當作一種能力

「很多人看好的時候，就沒你的事兒了；很多人不看好的時候，你去思考，去爭取，就會形成機會。」

馬雲經歷

在很多人看來，馬雲絕對是一個異類。在同行看來，他就是百分百的外行：他不懂電腦，不懂管理學，不懂廣告，不許公司做廣告。他認為自己很傻，「像阿甘一樣簡單」。

然而正是因為他的外行、他的「很傻很天真」，成就了他不按常理出牌的顛覆力。因為外行和簡單，他總是能看到別人看不到的東西，看得更具實質性，認為「這事兒沒什麼難的，沒什麼複雜的」，做起來就會很猛。別人認為不可能的事情，他覺得沒什麼不可能的，別人認為做不到的事情，他總是能做到。

有一次，馬雲應邀去日本參加一個互聯網國際會議。在會場閒談的時候，有位經常到中國出差的日本朋友過來跟他抱怨：「啊呀，每次到你們中國，我都上不了我在日本的博客。你們中國網路管理這麼嚴，怎麼可能做好電子商務呢？」這位日本友人的疑問代表了很多人的觀點：監管這麼嚴，確實和電子商務矛盾重重啊。

馬雲回答得很絕：「網管的事情我解決不了，可是你說的這種情況充其量占五%，五%的網站上不了，我們何必死盯著這五%呢？我們為何不把眼光放在那更多的九十五%市場？這個道理很明顯：如果你只埋怨五%，就會否定更多的機會，而你本人也只會越來越消極，越來越痛苦。」馬雲接著引申開來，有時候被同事、老師、同學誤解很正常，但應該看到大部分時候相處都是愉快的。所以，不要因為個別的誤解，影響到長期積累的感情。馬雲的思維就是這麼不同尋常。

在現實生活中，我們很容易看到負面的東西，而忽視更多正能量的東西。所以「這事兒根本不可能嘛」就會經常脫口而出。實際上，很多事情，只要去想，總是可以做的。

再舉個例子。很多公司都喜歡砸錢做廣告，動輒上億在電視頻道搶標王，而馬雲卻偏偏反其道而行之，做廣告盡可能不花錢。

二〇〇一年之後，阿里巴巴制定了零公關策略。馬雲提出不花一分錢做公關的時候，周圍的人都覺得不可思議。事實上，馬雲還真的就沒花錢。他自己衝到了前線，抓住一切露面的機會，不放棄任何自己開口說話的場合，親自和記者們定期交流，不論資歷，不論名氣，馬雲用最原始的方式一遍一遍對媒體做普及工作。到了淘寶時期，有了更充裕的資金做保障，馬雲更是一躍成了各媒體的座上客，一時間，馬雲大熱，馬雲力推的淘寶也大熱，特別是馬雲關於淘寶將創造一百萬個就業機會的那些話語，更是熱到諸多草根創業者為之傳頌的地步。

自己本身就是媒體的寵兒，身有異相、口吐蓮花、做事頗有爭議，這些都是媒體爭相報導的勁料，為啥還要掏錢主動找人呢？「等他們來找我唄，他找我，不就不花錢了嗎？」馬雲說。

成長煩惱

有些人總是習慣說：「這是不可能的」、「那是沒有辦法的事情」。其實未必，只要有問題，就會有解決的方法，而且方法一定比問題多。即便是看起來根本不能解決的問題，如果積極思考，也能尋找到妥善解決的方法。

有人認定，中國的互聯網環境做不好電子商務，馬雲卻把負面的東西忽略掉，只抓正面的東西，把電子商務做起來了。有人認定，不花錢做廣告是不可能的事兒，馬雲卻一分錢不花，讓自己和阿里巴巴成為了媒體的寵兒。

很多時候，尋找解決問題的方法是不容易的，但是方法總是有的，只要我們用心去思考。工作中的難題也是一樣，我們在工作中也要堅持這樣的原則，方法總比問題多，有問題就必定有解決的方法。

智慧點撥

所謂顛覆，就是凡事倒過去思考，從反方向去問自己，為什麼不可以？這種思維形成習慣了，你會發現：很多事情，在某種條件下，都是可以做到的。可行與不可行，在某些條件下都是可以相互轉化的。形成了逆向思維慣性，可以讓你的思路變得更寬，更能看透本質，於是顛覆就會成為一種力量。

Attitude

23

先做「攬局者」，而後再考慮「轉正」

「打架就得在別人家裡打，打不打得贏沒有關係，至少能把別人的家裡打得亂七八糟，把家具都給砸爛了；打得贏當然更好，那對方從此就難以壯大。」

馬雲經歷

有人說，淘寶PK易趣這一戰役中，最厲害的不是免費殺手鐧，而是以輿論戰率先搶占制高點。

在這種攬局式的輿論大戰中，馬雲親自主政。明明知道對方很強大，自己是在以小博大，這個時候，如果還把自己放得很低，就會輸得一塌糊塗。換一個角度，將自己包裝得強大起來，結果就可能亂中取勝。

所以，馬雲一上來就將還很弱小的淘寶

直接定義為eBay的挑戰者，在eBay易趣辦公樓對面樹起了淘寶的看板，聲稱「鯊魚在長江裡是打不過鱷魚的」。對於馬雲的挑釁，剛開始易趣並不以為然。

「敵人不為所動」，馬雲他們繼續發狠招。當時在淘寶公關部的精心策劃下，eBay的種種缺陷在媒體和論壇上以加速度放大，作為配合，馬雲不失時機地出面點評，甚至為自己安排採訪計畫，並且與《富比世》這樣的國外主流媒體互動。而馬雲製造的瘋狂語言，比如「淘寶給eBay最後通牒」之類，極大地煽動了用戶的情緒，直至易趣崩潰。

值得注意的是，馬雲在這一戰役中建立起了一套網路輿論監控機制，隨時應對各大論壇、社區、門戶網站的資訊。這一屢建奇功的團隊保留至今，內部稱「病毒行銷組」。

專家指出，在中國商業案例中，淘寶與eBay易趣之間的「戰爭」是最令人驚奇的：一家全球最大的、正處在巔峰時刻的行業領跑者在中國市場上已經獲得了九十％以上的市場份額，而一家後起的中國公司僅僅用了兩年時間就奪取了超過七十％的份額，並迫使前者進行戰略重組。

在取得勝利之後，馬雲當下「變了臉」：「之前我對孫彤宇下的命令是，淘寶網在三年內不許盈利，而現在，我對淘寶網的期望是，三年以後為中國創造一百萬的就業機會。這是我希望淘寶能夠做到的。」免費提供一百萬個就業機會，馬雲在打敗eBay之餘，也逐步承擔起了企業社會責任，從市場份額和品牌形象兩方面都凸顯了行業領頭羊的地位。

成長煩惱

當處於弱勢時，我們是不是就只能被動挨打？答案當然是「不」。在赤壁之戰中，諸葛亮利用了苦肉計、反間計，最後創造了以弱勝強的奇蹟。放眼競爭白熱化的今天，三十六計無時無刻不在發生著。

馬雲面對著強敵eBay，第一步是將還很弱小的自己拉到與eBay同一個等級，然後借助媒體平台，在與eBay的比較和爭論中製造自己的影響力，趁eBay還在對它不屑一顧的時候，飛速發展，最終做到了行業數一數二，然後進一步地加強自身內功修煉，最終，後來居上，戰勝了強敵。競爭無處不在，當敵強我弱時，切忌害怕強敵，而不戰而敗，我們不能硬拚，不妨採用非常規的辦法，出奇招制勝。只要多動腦筋，找到強敵的致命點，不屈不撓地發起攻擊，最終一定會取得勝利。

智慧點撥

現實總是殘酷的，每個人在這個競爭激烈的社會，總要面臨各種各樣的強敵。要讓一個人崩潰，就要設法讓他陣腳大亂。破壞他的優勢，放大他的缺點，亂中取勝。真理始終掌握在勝利者手中，先做破壞狂，然後再建設自己的形象，這是以小博大的有效途徑。

Attitude

24

不要認死理迷權威，真理都不是僵死的

「幾年前我送一個同事去讀MBA，我跟他說，如果畢業以後你忘了所學的東西，那你已經畢業了。如果你天天還想著所學的東西，那你就還沒有畢業。學習MBA的知識，但要跳出MBA的侷限。」

馬雲經歷

「假如企業家要去聽經濟學家的話，這些企業家一半已經死掉了。」馬雲在二〇一二年網商大會上拋出經濟學家無用論的驚人之語。儘管語言有些偏激，但是卻代表了很多實幹企業家的心聲。

馬雲最看不慣一些出身大公司的人，在自己單幹的時候，不自覺地按照大公司的做法建立一些規範制度等。馬雲認為，學習大公司是必要的，必要的規範當然是有益的，但大公司為了穩妥，一般都比較慢，大公司為這個「慢」付得起代價，但這對小公司來說將是一個災難。新創業的公司就像是隻兔子，卻以為自己是個大象，用大象的心態做事，在狼面前慢慢踱步，最後就會被狼吃掉。

所以，不要迷信所謂的權威，不要盲目模仿大公司的做事方法，更不要赤裸裸抄襲其商業模式。「真理都不是僵死的，那些知名企業在成名之前是什麼樣的你知道嗎？他們是怎麼積聚自己的能量，才有了今天的成就？簡單模仿它的現實，可能是南轅北轍，這樣的公司不是簡單模仿就能獲得同樣成功的。」

一九九九年馬雲以五十萬元起家時，中國互聯網先鋒瀛海威已經功成名就。瀛海威採用美國AOL的收費模式。馬雲卻突然蹦出一個想法，亞洲要有自己的模式，中國要有自己的模式。歐美的電子商務市場，特別是B2B模式是針對大企業的，亞洲電子商務市場主要在中小型企業，這兩種市場不可能用一樣的模式。馬雲決定創辦一種中國沒有，美國也找不到的模式。

馬雲知道，阿里巴巴面臨著一個巨大的戰略選擇——國內電子商務尚不成熟，只有利用發達國家已深入人心的電子商務觀念，為外貿服務，才是真正利潤豐厚的大魚。於是，阿里巴巴開設了一個專區「中國供應商」，把中國大量的中小型出口加工企業的供貨資訊，以會員形式免費向全球發布。

很快，馬雲和阿里巴巴在歐美名聲驟起，來自國外的點擊率和會員呈暴增之勢。一個想買羽毛球拍的美國人可以在阿里巴巴上找到十幾家中國供應商，瞭解他們不同的價格和合同條款；位於中國西藏和非洲迦納的用戶，可以在阿里巴巴網站上走到一起，成交一筆只有在互聯網時代才可想像的生意。

從此，阿里巴巴開始被業界公認為全球最優秀的B2B網站。國內外模仿阿里巴巴的網站大量出現，有的直接抄襲，甚至連最後一句「如有問題，請與阿里巴巴聯繫」也未改掉。一時間在業內傳為笑柄。

成長煩惱

先是九年義務教育，然後是三年高中，四年大學，年輕人在受教育的過程中，被灌輸了強烈的權威意識，老師是權威，是不容置疑的，可是，在實際工作生活中，我們往往會發現，一味地遵守權威只會束縛住我們的手腳。

馬雲從不迷信權威，歐美的電子商務有著成熟的模式，他卻堅持這種模式並不適用於中國市場，進而根據中國的實際國情，放棄了大企業，選擇了做中小企業的生意，開創了獨一無二的阿里巴巴模式。最後的結果證明，馬雲挑戰權威，獨闢蹊徑的做法是正確的。

英國哲學家培根說，真理是時間的女兒，不是權威的女兒。權威是靠權威者多年經驗及推論而得，但它並沒有經歷過實踐的驗證，所以這不能算是真理，更不能盲從。即使是真理，也不能一味地信從。隨著時代的變遷，科技的進步，往往有些真理可能會與時代脫節。

智慧點撥

大藝術家齊白石說過：學我者生，像我者死。我們大可以借鑑和學習成功者的經驗和路徑，但是卻不可將權威和真理奉為圭臬。實踐是檢驗真理的唯一標準，這個時代瞬息萬變，一切都要根據不斷變化的實際情況來做決定。只有具體問題具體分析，有選擇的相信，有鑑別的應用，才能不至於陷入權威的陷阱。

Attitude

25

「天才就是九十九%的汗水＋一%的靈感」是一種誤導

「世界上很多非常聰明並且受過高等教育的人，無法成功。就是因為他們從小就受到了錯誤的教育，他們養成了勤勞的惡習。很多人都記得愛迪生說的那句話吧：天才就是九十九%的汗水加上一%的靈感。並且被這句話誤導了一生。勤勤懇懇地奮鬥，最終卻碌碌無為。其實愛迪生是因為懶得想他成功的真正原因，所以就編了這句話來誤導我們。」

馬雲經歷

當阿里巴巴併購雅虎中國後，雅虎的員工不願意融入阿里巴巴的文化當中。獵頭公司趁機出手，有的員工甚至一天接到好幾個獵頭電話。在這種「內憂外患」的形勢下，馬雲召開了一次和原雅虎中國員工的正式見面會，他在這次會議上發表了後來在網路中廣為流傳的演講：

「世界上很多非常聰明並且受過高等教育的人，無法成功。就是因為他們從小就受到了錯誤的教育，他們養成了勤勞的惡習。很多人都記得愛迪生說的那句話吧：天才就是九十九％的汗水加上一％的靈感。並且被這句話誤導了一生。勤勤懇懇地奮鬥，最終卻碌碌無為。其實愛迪生是因為懶得想他成功的真正原因，所以就編了這句話來誤導我們。

很多人可能認為我是在胡說八道，好，讓我用一百個例子來證實你們的錯誤吧！事實勝於雄辯。

世界上最富有的人——比爾・蓋茨。他是個程式師，懶得讀書，他就退學了。他又懶得記那些複雜的DOS命令，於是，他就編了個圖形的介面程式，叫什麼來著？我忘了，懶得記這些東西。於是，全世界的電腦都長著相同的臉，而他也成了世界首富。

世界上最值錢的品牌——可口可樂。他的老闆更懶，儘管中國的茶文化歷史悠久，巴西的咖啡香味濃郁，但他實在太懶了。弄點糖精加上涼水，裝瓶就賣。於是全世界有人的地方，大家都在喝那種像血一樣的液體。

世界上最好的足球運動員——羅納度。他在場上連動都懶得動，就在對方的門前站著。等球砸到他的時候踢一腳。這就是全世界身價最高的運動員了。有的人說，他帶球的速度驚人，那是廢話，別人一場跑九十分鐘，他就跑十五秒，當然要快些了。

世界上最厲害的餐飲企業——麥當勞。他的老闆也是懶得出奇，懶得學習法國大餐的精美，懶得掌握中餐的複雜技巧。弄兩片破麵包夾塊牛肉就賣，結果全世界都能看到那個M的標誌。必勝客的老闆因為懶得把餡餅的餡兒裝進去，直接撒在發麵餅上邊就賣，結果大家管那叫PIZZA，比十張餡餅還貴。……」

馬雲的這次演講收買人心效果顯著。在獵頭開出的高薪誘惑下，雅虎中國的七百多位員工，最終只有三十多人選擇了離開，高層團隊全部留下了，離職率僅為四％左右。

提倡「懶文化」，馬雲並不是忽悠員工。馬雲坦承，自己從小就不是一個特別勤奮的人。比起勤奮刻苦，他更看重的是思考力和學習的實際意義。

馬雲在杭州電子工業學院（現為杭州電子科技大學）任教六年半，送走了一屆又一屆的學生。馬雲憑著出色的英語水準、教學能力以及他那可以勝任脫口秀節目主持人工作的絕妙口才，贏得了所有學生的尊重和追捧。

馬雲從不喜歡搞一言堂式的死板教學，而是讓學生都能跟著他一起互動起來，在一片歡聲笑語中學到知識，更增長見識。

很多英語老師在上課時習慣帶領大家抱著課本按部就班地背單字、分析課文、講解文法等，一堂課下來，學生大多聽得暈暈乎乎，不知所云。而馬雲則不同，他講課時往往拋開書本，很少講解文法和字句，更注重和大家的口語交流；並且常從新聞中找吸引人的話題來進行課堂討論，再配以幽默風趣的語言和誇張的肢體動作，大大提升了學生學習的積極性，使其在笑聲中不知不覺就學會了口語。

在夜校，馬雲每次講課時都會出一個命題，讓同學們選某一方的觀點，而把剩下「無理」的那一方觀點由他一個人堅持著，與所有同學展開辯論。

在創業之後，馬雲對下屬的要求也是一樣的：不要死工作，而要帶著腦袋工作。周圍的朋友對他有這樣一個評價：「這個人如果三天沒有新主意，一定會難受得要死。」馬雲總是在內部會議上強調：「如果一個人失去了創造性的思維，那就一點兒價值也沒有了。」所以，阿里巴巴在創新方面一直做得很好。

成長煩惱

馬雲提倡的「懶文化」不是在教人耍懶，他的重點在於：「懶不是傻懶，如果你想少幹，就要想出懶方法。要懶出風格，懶出境界。像我從小就懶，連長肉都懶得長，這就是境界。」有時候在一個模式裡兢兢業業，看似勤奮，實則是浪費生命的表現。一個人要想出頭，適當「偷懶」思考一下接下來要如何改變現狀，是必要的。

有一個這樣的故事：白龍馬隨唐僧西天取經歸來，名動天下，被譽為「天下第一名馬」，引得眾馬羨慕不已。於是，很多想要成功的馬都來找白龍馬，詢問為什麼自己同樣努力卻一無所獲？白龍馬說：「其實我去西天取經時，大家也沒閒著，甚至比我還累，我走一步，你們也走一步，只不過我目標明確，十萬八千里走了個來回，而你們在磨坊裡原地踏步而已。」眾馬愕然……

成功路上，埋頭努力十分重要，但停下來，辨別道路，認清方向更重要，因為只有在正確的方向上努力，我們才能一步步地靠近目標，如果方向錯誤了，縱使再努力，也會越行越遠。

智慧點撥

有這樣一句俄羅斯諺語：「巧幹能捕雄獅，蠻幹難捉蟋蟀。」這句話道出了一個普遍的真理，即做事講究方法，巧幹遠勝蠻幹。巧幹是抓住了事情的關鍵，並找到了有針對性方法的結果。巧幹既可以減少勞動量，又可以達到事半功倍的效果。無論是在工作中還是生活中，我們都應該培養出這種良好的思維習慣，遇到問題時多思考為什麼，多思考怎樣才能夠找到它的關鍵所在。一旦找到了這個關鍵，看起來很難辦的事情就會變得輕而易舉了。

Attitude

26

沒有條件就要自己創造條件

「很多人不是沒有想法，而是有了想法的同時，總是想想這個條件不夠，那個條件沒有，而放棄了。條件不具備，該怎麼辦？那就自己創造條件。如果機會都成熟的話，一定輪不到我們。」

馬雲經歷

馬雲有一句經典名言：如果別人都認同你了，那還輪得到你嗎？你一定要堅信自己在做什麼。

「八年以前西方問得最多的問題是，中國沒有信用卡、沒有支付寶、沒有物流、沒有電腦、沒有網路，怎麼可能做電子商務？因此我自己也很納悶，這些東西沒有怎麼辦呢，我又不能哭，而且當時騎虎難下，從十幾個人折騰到幾百個人，難道就這樣解散了？我一直把自己稱為盲人騎瞎虎，騎上就下不來了。沒有可以創建，不能死等社會環境、政府的完善，你必須努力全力以赴地去做。」馬雲的這段話，可以套用毛澤東的那句：「沒有條件就創造條件！」

人們都知道馬雲公關能力很強。其實馬雲從一開始就很注重公關，只是在最初創業的時候，他根本沒有媒體資源，為了尋找媒體幫助，馬雲可謂下了一大番工夫。

還在一九九五年的時候，為了宣傳自己創辦的中國黃頁網站，馬雲隻身來到北京，尋找機會在任何可以搆得到的媒體上發表公關「軟文」。當時他不像今天這麼左右逢源，一個媒體的朋友都沒有。為了找到機會，他選擇了最原始的掃街模式，整天打計程車沿街跑，看到哪家報社就停下來，進去遞資料洽談，但是往往因為沒有牽線的人，總是吃閉門羹。

希望總是在絕望的時候產生。有一回，同樣是在打車的時候，「貴人」出現了。這位貴人就是計程車司機，愛聊的司機搞清楚了馬雲的煩惱，馬上發揮了北京司機主動熱情的精神：「哥們兒，這事兒好辦啊！我認識一位在媒體工作的達人，您要是實在著急，我幫您問問？」

馬雲一聽，一拍大腿：機會來了！他按捺不住激動，當即拿出了北上隨身攜帶的「鉅款」——五百元，這幾乎是當時中國黃頁的大部分資本了，那時候的馬雲還是大學英語老師，工資不到一百元，這五百元可真是在牙縫裡擠出來的。當時，他把錢遞給司機的時候，只說了一句話：「無論你在哪家報紙給我發表了，這錢都歸你！」

這個看似非常不理性的行為，卻為馬雲換來了巨大的轉機。這位有良知的司機在拿了錢之後，還真就辦成了實事。幾天後，幾家媒體先後打出了中國黃頁的軟文廣告。有一家《中國貿易報》還特意發了頭條。馬雲覺得這家報社太給面子了，於是決定趁熱打鐵，要與編輯直接面談。

還是在這位熱心司機的牽線下，馬雲得以和《中國貿易報》的主編見面了。據說兩人相談甚歡，主編對互聯網這個新生事物很感興趣。一個月後，在他的極力引薦下，馬雲和京城的一群媒體人搭上了線。貴人的意義正在於此，一通百通。這一次馬雲砸了更多的錢——三萬元，豪請數十位媒體朋友，齊聚長安俱樂部。在這次「新聞發表會」上，馬雲滔滔不絕，把自己對互聯網的有限認知都悉數倒給了這些媒體人。據說這次他有備而來，把資料全部拷到硬碟上。

馬雲利用他出眾的演講口才，征服了這群本來就對新生事物極度感興趣的人。大家在聽過他長達兩個多小時的演說之後，紛紛表示第二天見報。

然而，事情並沒有如此順暢。不巧的是，第二天相關文件下發了，其中有一條明確指出暫時不能宣傳互聯網，主流媒體對新生事物的宣傳還是很謹慎的。

馬雲又鬱悶了。一位仗義的媒體人給他支招：你只要搞定最大腕兒的，其他人就會跟著報導了。最大的腕兒當屬《人民日報》。不言放棄的馬雲再次決定試試。

他還是走了老路線——依靠小人物撬動大江湖。這一次，替他牽線的是一位行政人員。因為他的緣故，馬雲與《人民日報》的大人物谷家旺聯繫上了。谷家旺在馬雲的激情宣講下，覺得互聯網前景喜人，就授權馬雲專門對《人民日報》處級以上幹部做一次演講。事實上，馬雲後來不止演講了一次，而且還幫助《人民日報》成功上網頁了。

作為回報，在《人民日報》的影響下，馬雲的中國黃頁越做越大。在創業「叫天不應。叫地不靈」的晦暗階段，馬雲憑著莽撞為自己殺出了一條道路。

成長煩惱

林肯是美國歷史上最偉大的總統之一。這位在美國內戰中建立豐功偉業，至今仍是美國人心中偶像的總統，並沒有顯赫的家世，相反，林肯的童年生活異常艱辛。

林肯的出生地是當時美國肯塔基州最寂寞最荒涼的地段之一，印第安人在那兒繁衍已有數代之久，然而看起來那裡還是塊「不毛之地」。他的家庭極其貧困，沒有牛奶，沒有蛋，沒有蔬菜，連馬鈴薯也沒有，只能靠野生的獵物和堅果度日。就是在這樣的生存環境下，沒有基本的生活保障，沒有受教育的機會，貧苦卻沒能磨去林肯奮發拚搏的意志，反而更激發了他與天、與人、與命運相抗爭的鬥志。他把艱苦的生活視為一種鍛煉，他要藉此使自己的身體和意志變得更加堅強。正是有了這種意志，他才掌握了成為總統的最大資本。

馬雲同樣如此，在沒錢、沒資源、沒背景的形勢下推廣互聯網，困難是層出不窮的，可他硬是闖出了一條路。

智慧點撥

以色列著名總統埃澤爾・魏茨曼曾經說過：「奇蹟有時候是會發生的，但是你得為之拚命地努力。」只要我們相信未來掌握在我們手中，沒有條件，我們可以創造條件，通過努力奮鬥必然會迎來輝煌和創造出奇蹟！

第4章

拒絕朋友的人一定不能成功

關於人脈的人生態度

Attitude

27

贏得人心，除了義氣，還是義氣

「為人處世不可無義氣。算，算不過人家，說，說不過人家，但是我創業成功了。我自己覺得，我的成功在於我的仗義。這麼多年，到現在為止，我覺得最最珍貴的就是朋友的友情。我在每一次最困難的時候，都是朋友幫忙。我有一大批鐵杆兒朋友，這批朋友形成的龐大關係網成為我一生的重要資源。」

馬雲經歷

馬雲出生在六〇年代，成長於「哥們兒義氣」流行的七〇、八〇年代。很多人都知道，他是一個「金庸迷」。在阿里巴巴集團的辦公室，充滿了金庸小說裡的武林聖地的名字。馬雲最喜歡武俠小說，因為這些小說裡的人物，都帶著一股俠義。正因為他們講義氣，所以才能「振臂一揮應者如雲」。受此影響，馬雲從小崇拜俠氣十足的人物，並立志成為一個終生講義氣的人。

事實上，馬雲從小就是一位「講義氣」的好哥們，這一點他少時的玩伴有目共睹。從小他就喜歡打抱不平，一旦他的夥伴受欺負，立刻挺身而出。雖然馬雲的個頭不高，經常被打得滿身是傷，有一次甚至還縫了十三針，但馬雲認為這一切都是值得的。馬雲的仗義贏得了同學們的好感和擁戴，讓他從小就成為人氣很高的「領袖」。

一個人講義氣久了，就會成為一種不由自主的習慣。一九九九年創業時，馬雲義氣地把十八羅漢都提升為創始人，讓他們享受和自己一樣的待遇；阿里巴巴上市，馬雲將股票分給了員工，自己只是不到五％的象徵性持股；二〇〇八年金融危機時，馬雲宣布「不盈利」的口號義挺中小企業，幫助他們渡過難關。

這麼多年，「義氣」為馬雲帶來了很高的人氣。馬雲的合作夥伴，幾乎都是沖著他的仗義而來。當年他從孫正義那裡融資，幾乎被媒體放大成神話。關於為什麼選擇阿里巴巴，孫正義說：「當時中國B2B領域共有四大公司，除阿里巴巴，還有8848、MeetChina和Sparkice，而選擇阿里巴巴的重要原因是馬雲和馬雲的團隊。我們做了很多調查工作，根據我們的瞭解，馬雲是一個有著獨特的分享意識以及不平凡的領導才能，性格非常飽滿的人，非常有遠見，能把很多人聚在周圍。」

任何成功的背後，不僅僅只有權術、詭道，更多的是義氣，是相互幫助。這麼多年，馬雲在合作夥伴眼中，始終都只有一個形象：那就是講義氣。這麼多年走下來，馬雲也不斷地嘗到講義氣的甜頭。在阿里巴巴剛剛起步的「貧窮時期」，馬雲卻擁有一大批很能幹的人：COO關明生在通用電器擔任要職十五年；CFO蔡崇信在美國一家投資公司做到了副總裁的位置；首席技術官吳炯曾經是雅虎搜尋引擎和電子商務技術的首席設計師……他們當初都沖著馬雲而拋下原有的高位，到阿里巴巴領著區區幾百元的薪水。

推阿里媽媽的時候，馬雲也嘗到了類似的甜頭。阿里媽媽幾個月就達到了老牌廣告聯盟幾年的成績。對此，有人說：阿里媽媽幾百人，燒了幾百萬，不管是淘寶網，還是阿里媽媽，馬雲的方針就是燒錢。不可否認，淘寶推廣期，註冊一個送十塊的活動，確實給中小站長帶去了實惠和利益，但如果簡單地認為馬雲僅僅是通過撒錢來討好中小站長的話，那中國幾百個廣告聯盟的負責人，豈不是都有一幫站長「粉絲」？實際上，阿里媽媽成功的背後，是廣大個人站長的鼎力支持，那就是馬雲和阿里團隊長期以來講義氣的結果。

？成長煩惱

暢銷全球的《歷史上最偉大的賺錢祕密》一書的作者、美國最頂尖的五位市場行銷專家之一的喬・維特爾道出了歷史上最偉大的賺錢祕密，那就是「給予」！講義氣的人深得「給予」的精髓，他們會毫無私心地去幫助別人，而不期望從受益者身上獲得什麼回報。很多時候，恰恰是這種給予之心能讓你獲得更多的回報。

馬雲做事總喜歡從義氣出發，他對朋友義氣，朋友都成了他人生的貴人；他對下屬義氣，下屬成為了他事業上的最大助力；他對客戶義氣，客戶反過來給予了他更多的支援。講義氣的人在「給予」別人的同時，無形之中就已經投資了感情，別人對於你的義氣會永記在心，只要一有機會，他們就會主動回報你。講義氣，幫人，也是幫己。

智慧點撥

做個講義氣的人，最不吃虧。你對別人講義氣，別人就會無限信任你，鼎力幫助你。事事講究原則，公事公辦，不占人便宜，也不讓人占自己的便宜，只能幫你樹立精明的形象沒有別的。反倒是不拘小節，不苟小利，因為義氣而肯「佈施」的人，初看是傻，時間長了，回報總在不期之時。

Attitude

28

尋找你的貴人，人脈就是錢脈

「目中無人的人，常常是一敗塗地的。」

馬雲經歷

馬雲辦公室的牆上掛著一張他與一對澳大利亞夫婦的合影，這對老人是馬雲人生中的大貴人。

馬雲在讀初中的時候，因為和爸爸賭氣，下定決心苦練英語口語。他自己想了個辦法：到外國遊客聚集的地方，主動給他們當導遊，全程用英語和他們對話。在這個過程中，馬雲認識了來自澳大利亞的摩利夫婦。馬雲和摩利夫婦非常投緣，雙方一見如故，摩利夫婦在杭州的時候，馬雲一路陪同，他們回國了，雙方還保持通信，在那個流行筆友的年代，他們幾乎每個禮拜都要通一次信，並且這種交流維持了很長的時間。從那以後，摩利夫婦幾乎每一年都要到杭州來玩，在馬雲家裡住上一到兩個月，馬雲稱他們義父義母，他們也把馬雲當做自己的孩子一樣看待，馬雲念大學那幾年，家裡經濟條件很差，那對夫婦則伸出了援助之手，一直資助馬雲讀完大學。在馬雲上大學二年級的時候，摩利夫婦還邀請馬雲去澳大利亞遊玩，那是馬雲第一次出國，而那次出國，大大拓寬了馬雲的視野，為他將來把創業的戰略眼光投向國際做了難得的鋪墊。

摩利夫婦對馬雲的影響是潛移默化的。對思維方式逐漸成形的少年馬雲而言，義父義母的言行，讓他學會了從西方人的角度看待人生和世界，看待人與人的交往。

從摩利夫婦開始，馬雲認識到了，「認識對的人」對於自己人生的重要性。在此後的生涯裡，他一直把擴展人脈、結識貴人做為自己人生的重中之重。

擅長交朋友和運營圈子，已經成為馬雲最厲害之處。據說，馬雲混很多圈，像浙商圈、娛樂圈、投資圈、互聯網圈、企業家圈等。

馬雲的第一個圈子是互聯網圈。馬雲當時在香港結識了金庸先生，於是一手策劃了「西湖論劍」，邀請中國互聯網的領袖人物來杭州西湖一聚，每年辦得熱熱鬧鬧，藉此和企業界的大腕們都牽上了線。

馬雲的第二個圈子是影視圈。央視很多年前給馬雲拍過一個紀錄片，這個紀錄片的製片人叫樊馨蔓，樊馨蔓並不知名，但其丈夫張紀中卻是鼎鼎大名，是央視著名的電視劇製片人之一，金庸老先生的很多小說，諸如《神鵰俠侶》、《笑傲江湖》，都是這位大鬍子導演搬上電視螢幕的。以樊張夫婦為核心，馬雲進入了影視圈，和王菲、李亞鵬等做師兄弟，當上了華誼的副董事長，和趙薇、李連杰等私交頗深，和黃曉明、蔡明、孫儷、何炅、撒貝南、華少等人也有交往。

馬雲的第三個圈子是浙商圈。浙江一直是商人群體最喜歡棲居的省分，也向來抱團。馬雲和浙江乃至全國資格最老的民營企業家魯冠球之子魯偉鼎發起、投資了江南會，把浙商團結了起來共同發展、進步。

馬雲的第四個圈子是投資圈。軟銀的孫正義是馬雲的盟友，從孫正義出發，馬雲得以結識雅虎楊致遠（雅虎是軟銀最成功的投資項目），以及思科錢伯斯（思科是軟銀的最早的出資機構）。

馬雲自然也混其他圈子，比如柳傳志鼎力支持的正和島，再比如馮侖領銜的華夏同學會，但這些圈子裡馬雲都不是主角。不像互聯網、影視、浙商、投資這四個圈子，馬雲最早未必是這個圈子裡的核心人物，但如今都是以其為核心的。

俗話說，多個朋友多條路。一個人要想成功，光靠自己的力量是遠遠不夠的，必須依靠或者是借助別人的力量。馬雲深深知道其中的道理，所以才廣交朋友建立自己的人脈圈，也是因為有這麼多的貴人在背後和馬雲互動，所以在危機來臨的時候，他總是能左右逢源。

你知道一般人才與頂尖人才真正的區別在哪裡嗎？你可能會毫不猶豫地回答：是才能。那你就錯了。哈佛大學商學院曾經做過一個調查，發現在事業有成的人士中，二十六%靠工作能力，五%靠關係，而靠人際關係的占了六十九%。

一個人在人際關係、人脈網路上的優勢，就是人脈競爭力。哈佛大學為了瞭解人際能力在一個人取得成就的過程中起著怎樣的作用，曾針對貝爾實驗室頂尖研究員作過調查。他們發現，被大家認同的專業人才，專業能力往往不是重點，關鍵在於「頂尖人才會採取不同的人脈策略，這些人會多花時間與那些在關鍵時刻可能對自己有幫助的人培養良好關係，在面臨問題或危機時便容易化險為夷。」他們還發現，當一名表現平平的實驗員遇到棘手問題時，會去請教專家，卻往往因沒有回音而白白浪費時間；頂尖人才則很少碰到這種問題，因為他們在平時就建立了豐富的資源網，一旦前往請教，便能立刻得到答案。

馬雲很重視人脈網路的經營，他抓住人生中的幾個關鍵貴人，比如，張紀中、魯冠球、孫正義等，借助他們的人脈資源，發展自己的人脈網路，並把這一網路緊密地維繫起來，這使得他做起事來順利了很多。

！智慧點撥

在日常工作生活中，如果不注意建立自己的人脈關係，你可能就會陷入勞而無功的境地。而建立起了高品質的人脈網路，在你需要幫助時會及時地得到幫助和支持，大大提升你的辦事效率。要想成為出類拔萃的頂尖人才，不僅要提升你的才能，更重要的是拓展你的人脈，提升你的人脈競爭力，只有這樣，你才會脫穎而出，取得事業的成功。

Attitude

29

「滴水之恩」將在不經意間換來「湧泉相報」

「雖然也有被出賣的傷痛，但一顆善良寬容的心，總能交上一大把真誠的朋友。」

馬雲經歷

因為一直保持著「路見不平、拔刀相助」的做人氣魄，大學期間的馬雲在同學中名氣大震。到了大三，他被選為了杭州師範學院的學生會主席。有一次，班上一個同學因為犯了一點小錯兒正好被抓住了，學校殺雞儆猴對他嚴懲，取消了他研究生考試的資格。馬雲瞭解到這個同學的專業成績相當不錯，他對研究生考試也十分看重，如果他不能參加研究生考試，就意味著要被分回遠在農村的家鄉。瞭解到這些情況後，雖然馬雲和他的關係不深，但他還是主動站了出來：「我去幫你給學校領導說說去。」

緊接著，馬雲先是找到班主任，把情況介紹了一下，班主任也很為這位同學擔心，但是他實在是沒有能力干預學校的決定，就讓馬雲去找系領導。於是，馬雲不停蹄地找到了系領導，費盡了口舌，終於說通了系領導，但系領導告訴他，這事必須找院領導簽字才算數。於是，馬雲又找到了院領導，又是一番懇切請求。最後，足足花了兩天半的時間，終於爭得了學校上下的同意，學校恢復了那位同學的研究生考試資格。

很奇怪的是，恢復了考試資格後，這位同學並沒有對馬雲說聲感謝，馬雲雖然心裡不是滋味，但也沒有在意，畢業後，馬雲再也沒有聽到他的音信，也把這件事忘記了。

他萬萬沒想到，十年之後的一天，馬雲走在深圳的街頭，突然跑來一個人，激動地握住他的手說：「我聽老同學們說你到了深圳，所以專門從廣州趕來看你。」原來這個人就是當年在他的「拔刀相助」之下才得以走上考場、最終考上研究生的同學。如今，他已是一家著名的外資企業廣州分公司的總經理，並一直對馬雲的幫助念念不忘，只是一直沒有找到合適的機會報答。

馬雲說，他最欣慰的是不定什麼時間，他會突然沒來由地接到朋友們打的電話，「喂，馬雲，現在怎麼樣？沒什麼大不了的，有事我們給你扛著！」也正是這些朋友成為了他創業路上遇到困難時的最大助力。

成長煩惱

西方有這樣一個寓言：天神帶一個垂死的人參觀天堂和地獄。正值午餐時刻，地獄和天堂吃飯用的勺子都很長，地獄裡的人無論如何都很難將食物吃進去，甚至撒到地上，天堂裡的人互相餵給對面的人，卻吃得津津有味。天堂和地獄的區別只在於是否互幫互助。

馬雲因為從小講義氣，很喜歡幫助別人，看到別人遇到困難，他會主動伸出援手，幫助別人後，他並不期待別人的感激，這讓他得到了很多人的尊敬和信賴，這些人成為了馬雲後來的貴人。贈人玫瑰，手有餘香。美國文學家愛默生說過：「人生最美麗的補償之一，就是人們真誠地幫助別人之後，同時也幫助了自己。」人際交往就像一種回聲，你對我友善，我對你也友善。因此，伸出你的手去幫助別人，會有更多人來幫助你。

智慧點撥

在現代社會，平等與尊重、寬容與理解、關心與互助、負責與合作，是成功人際交往的條件，是文明交往的內在基礎，是人際交往的基本原則。願意付出真心與人交往的人，收穫永遠比付出更加重要。

Attitude

30

兔子幹麼不吃窩邊草呢？

「兔子吃窩邊草，做生意就要先從親戚朋友做起，如果親戚朋友都不支持你，那別人憑什麼支持你。」

馬雲經歷

馬雲創業的第一桶金，其實是從朋友下手賺到的。

當時做中國黃頁的時候，他逢人就宣講互聯網如何如何好，把朋友們忽悠暈了，就趁機要來企業資料，回頭就把他們的資訊寄到了美國。等美國那邊設計好企業網頁之後，馬雲就把列印好的東西給朋友看，然後開始談費用問題。

即便是有列印的「證據」，朋友們還是將信將疑，有人甚至說是他自己編造出來的，因為沒有和美國那邊連上網，無從考證，誰也不肯先交錢。馬雲只好把美國那邊的電話號碼拿出來，讓他們自己打電話確認，話費自己承擔。起初，就是這樣艱難地從朋友們那裡要到一點點錢。

俗話說，兔子不吃窩邊草。馬雲也不想對朋友下手，但是，這實在是無奈之舉。當時，互聯網屬於新鮮事物，一時半刻很難獲得大眾的認可。馬雲對熟悉的人講都很費勁，更別提向一般的陌生人解釋了，當然想讓對方掏腰包也是奢望。

馬雲最早的客戶，是位於杭州西湖邊上的「望湖賓館」。這單業務做成的關鍵是靠馬雲的一個學生，她在望湖賓館做大堂副經理，通過她從中牽線，望湖賓館才加入了中國黃頁。

據說，當時馬雲為了證明自己不是在忽悠，曾經找了一台巨型的486電腦，從杭州撥長途電話到上海連接互聯網，再通過互聯網上把望湖賓館的照片和資料從美國傳過來。全過程由電視台的記者錄影記錄作證。

最後，望湖賓館的照片終於下載成功，這讓很多商界朋友放心投資了。當時網路速度實在是太慢，整個中國出口只有64K。後來，上海開通了44K互聯網專線，儘管杭州還沒有專線，但他終於可以通過撥號上網讓客戶看到自己在網上的「黃頁」了。

憑藉各種人脈圈介紹的單子，馬雲的「中國黃頁」慢慢站穩了腳跟。一九九五年七月，馬雲在國內第一家網上中文商業資訊平台——「中國黃頁」上成功建立了浙江省

「金鴿工程」、上海電視節、無錫小天鵝、北京國安足球俱樂部等中國第一批互聯網主頁。到了一九九六年，國內有很多互聯網公司出現，外國公司也開始進入中國市場。在當時並不理想的環境下，馬雲以極大的熱情，為互聯網的商務應用播下了最初的火種。

成長煩惱

會有過這樣一句俗語：「如果丞相家裡的狗死了的話，會有很多人爭相拜訪，但如果丞相死了的話，卻門可羅雀」。這句俗語具體地向我們描述了人脈管理在古今社會中的地位。

人脈即是錢脈，這個道理很多人都知道，問題是，涉世未深的年輕人從哪裡積累那麼多可靠的人脈？最現實的做法就是先獲得身邊人的幫助。馬雲先從朋友做起，這才渡過了創業之初最艱難的認知期。對於年輕人來說，先把親戚、同學、球友、網友這些人才資源利用起來，然後再慢慢擴大和積累自己的人脈，是非常必要的。

對於年輕人來說，二十來歲的時候結交的朋友是非常可貴的，在這個年齡段的人一般不會太計較名利和利害所得，形成的人際關係真實可信，關係也格外牢固，可以維持很長時間。所以，在吃「窩邊草」，利用身邊的朋友關係的時候，一定要嚴守誠信互利的原則，不要坑害朋友，不要利用熟人做傷天害理的事情。

智慧點撥

在好萊塢，流行一句話：「一個人能否成功，不在於What you know（你知道什麼），而在於Whom you know（你認識誰）。」年輕人不要以為自己擁有卓越才能就能獲得成功。學著去建立自己的人脈網路吧，只有建立起了人脈網路，你才會享受到人脈網路給你帶來的好處，那時你才會深刻認識到：一般人才與頂尖人才的真正區別在於人脈，而非僅僅是才學和能力。

Attitude

31

以誠相待，不要企圖隱瞞任何東西

「經營企業就是要經營人，經營人首先要尊重人；尊重人最重要的是以誠相待，不要試圖欺瞞。有些事你可以不說，但是只要說，就要說真話。」

馬雲經歷

馬雲在自己的創業歷程中恪守著實話實說的原則。在第一次創業期間，數次面臨工資發不出來的窘境，但馬雲坦誠地告訴了員工，沒有隱瞞，第一時間獲得了員工的諒解和支持。一九九九年，馬雲決定回杭州進行二次創業時，也是坦誠地和自己的團隊進行溝通。他告訴員工，願意留北京的，他負責寫推薦信，保證員工能找到高薪工作，願意和他一起回杭州創業的，他只能保證每月五百元的工資和高強度的工作。正是馬雲這種坦誠相對，團隊們集體決定和馬雲一起「再幹一場」，這也就是後來的「十八羅漢」。

關係再好的團隊，有些東西最好在一開始的時候就要說到明處。從創業一開始，馬雲就和自己創業的十八羅漢定下了一個原則：有事兒要打開天窗說亮話。團隊中任何兩個人，產生了磕磕絆絆的所謂矛盾時，必須先由他們自己互相面對面地溝通解決；實在消除不了誤解，在雙方都同意他人介入的時候，才引入第三者作為評判，再次理性溝通。

二〇〇〇年，從高盛等風險投資家手裡募集到五百萬美元鉅款後，阿里巴巴和創業團隊都發生了很大的變化。企業搬家了，新的辦公室寬敞明亮，但是人心卻似乎晦暗起來。原來一起艱苦奮鬥的人，似乎有了爭權奪勢、瓜分勝利果實的意味。

為了回應公司的正規化建設，馬雲提出了藉由搬家重新劃分部門、明確分工。但是部門多了，就出現了新問題：原來大家都平起平坐，這一次誰該做負責人了，而誰該繼續做「員工」呢？又不可能每個人都做「官」兒。在馬雲第一次將孫彤宇、張英和彭蕾升做部門經理之後，團隊第一次開始有了雜音。

據說在喬遷新的辦公室之後不久，在一次私下聚會上，十八羅漢說好不談工作只敘舊，結果很快就失控了。大家爭吵到最後，決定寫一封長信給馬雲，讓這個不知情的一把手瞭解一下大夥兒的怨言。

馬雲次日收到信後，表示非常震驚。他沒有想到曾經一起吃苦奮鬥的哥們兒，居然在勝利果實初現的時候，就起了這麼大的分歧。馬雲覺得這個問題很嚴重，就果斷召集大家，一定要把話攤開了說，把所有的負面情緒都倒出來。

據說，當時那場情緒傾倒大會開了整整一宿。開始，大家都很激動，宣洩不已，隨著話越來越說開，慢慢平息，最後開始感動、落淚。天亮後，所有的誤解和疑慮都煙消雲散。

這是阿里團隊創業以來第一次因為分歧而召開的會議。馬雲說，他很感謝這次互訴衷腸的大會。正是這次徹底的靈魂洗禮，大家的向心力和凝聚力很強了。也正是因為這次會議，讓阿里團隊跳出了「小成即散」的怪圈。

成長煩惱

在職場，我們總會犯下一些自以為是的錯誤，因為耍小聰明，取得了略勝一籌的業績；因為瞞住別人，自己僥倖逃過了一些小劫；因為耍心機，讓團隊裡老實人背了黑鍋……殊不知，當我們得到一個小的勝利果實的時候，卻丟失了更重要的東西，就是我們個人的誠信品牌。

沒有人願意長久地和一個愛耍心眼、不透明的人相處。就好比你遇到一些自以為是、喜歡大事小事都瞞著員工的老闆，你願意在他的公司待很久嗎？無論潛規則再多，無論社會再複雜，人們在心底深處還是都喜歡相對簡單、相對坦誠的環境。

當然，在漫漫職業生涯中，誰都會遇到不公平的待遇和來自他人的這樣那樣的誤解，這個時候委屈歸委屈，切不可積鬱成疾，或者羨慕妒忌恨等負面的東西，要盡可能快地與人化解矛盾。要堅信，坦誠是化解矛盾的最佳方式。

把事情攤開來說，或者做錯了事情、對不起別人的時候，一次坦誠的道歉大會，都會使原有的感情加溫。

智慧點撥

林肯說過：「你可以在同一時間欺騙所有的人，你也可以在所有時間欺騙同一個人，但你無法在所有時間欺騙所有的人」。身處一個資訊空前容易取得的時代，任何掩藏真相、粉飾誇大的行為最終都將是徒勞的。坦誠相對是向別人表達敬意的重要態度，別人面對你的真誠相對，獲得受尊重和受重視的感覺，就會將自己和你的命運緊密結合起來。

Attitude

32

把一群平凡人聚集在一起就是不平凡的人

「讓每一個人的才華真正地發揮作用的道理就像拉車，如果有的人往這兒拉，有的人往那兒拉，互相之間先亂掉了。我在公司的作用就像水泥，把許多優秀的人才聚合起來，使他們力氣往一個地方使。」

馬雲經歷

二〇〇六年，阿里巴巴對雅虎中國的收購整合工作暫告一個段落後，阿里巴巴B2B業務上市工作提上了日程，馬雲做的第一件事就是將原來的事業部制改為集團控股子公司，從事B2B業務的阿里巴巴、淘寶網、阿里軟體、支付寶和中國雅虎成為獨立的子公司，被戲稱為「達摩五指」。

「如果只有一個腦袋，壞了就全壞

了。」馬雲說，「五家子公司各自設立獨立董事會，可以分散風險。」對於成立子公司的原因，馬雲的解釋是分散風險，可五家公司分開後，馬雲將具體的業務發展交給集團五虎將，自己不是被架空了嗎？馬雲對此毫不擔心，反而有點兒得意：「以前我自己拿著斧頭往前衝，到後來指揮下面的兵馬往前衝。以前睡兩、三個小時，起來就往前衝，沒有累的感覺，有的是精力。現在突然發現，精力、體力跟十年以前不一樣了，跟年輕人去拚，可能會像老將黃忠一樣一刀被殺了。我們憑的是經驗、胸懷和眼光。年輕人精力、體力、智力都比你強，他們可能幹得更好。

我強迫自己和原來所謂的高層團隊全部脫離。我覺得自己過渡得還可以。當然，我放手的時候，知道已經沒有大問題。淘寶看不出來有人可以打敗它，更看不出來有誰能在三、五年內滅了阿里巴巴。」

馬雲認為，唐僧是一個好領導，他非常看好唐僧的團隊，認為一個理想的團隊就應該有這四種角色。一個堅強的團隊，基本上要有四種人：德者、能者、智者、勞者。德者領導團隊，能者攻克難關，智者出謀劃策，勞者執行有力。日常中最常見的就是唐僧團隊這種由有著各種各樣缺陷的平凡人組成的團隊，唐僧沒有什麼魅力，也沒有什麼能力；孫悟空武功高強，品德也不錯，但脾氣暴躁；豬八戒有些狡猾；沙悟淨只懂得挑擔，其他一概不管。就是這樣四個人，千辛萬苦，取得了真經。

馬雲很欣賞唐僧的管理能力，對孫悟空要管得緊，所以隨時會念緊箍咒；豬八戒小毛病多，但不會犯大錯，偶爾批評批評就可以；沙悟淨則需要經常鼓勵一番。在實際的工作中，他也一直向唐僧學習，用人用長處，管人管到位。

「今天的阿里巴巴，我們不希望用精英團隊。如果只是精英們在一起肯定做不好事情。我們都是平凡的人，平凡的人在一起做一些不平凡的事，這就是團隊精神。我們每個人都欣賞團隊，這樣才行。」

馬雲不懂電腦，他會的只有收發電子郵件和瀏覽網頁，可偏偏是他創辦了阿里巴巴，書寫了互聯網的神話，成為了人人敬仰的ＩＴ英雄、網路精英，他的所有依仗就是唐僧團隊，恰到好處的用人哲學讓他帶領著一群平凡人創造了不平凡的業績。

成長煩惱

德國管理界有一句名言叫做「垃圾是放錯位置的人才」，一語道破天機。是不是人才，關鍵是看你把他放在什麼位置上，讓他去做什麼事，只要他在這個位置上能夠做好，能做出成績來，他就是人才。

對於年輕創業者來說，他們最常犯的錯誤是事必躬親，結果自己累得要死，事情做得顧此失彼，完成得並不理想。馬雲並不是ＩＴ專家，卻做成了ＩＴ英雄，其關鍵就是他懂得授權、用人。

年輕創業者們一定要學會掌握好人才，把他們放在適當的位置上，讓他們最大限度地、充分地發揮自己的積極性和作用。這樣，你的事業成功才會指日可待。

智慧點撥

聰明的領導者應該學會發現人才的優點，利用人才的優點，使得人盡其才，做到知人善任。要清楚下屬都有什麼才能，有什麼性格，有什麼特徵，有什麼長處，有什麼短處，放在什麼位置上最合適，這也是一個領導者最大的才能。

Attitude

33

只和有相同價值觀念的人一起戰鬥

「三十%的人永遠不可能相信你。不要讓你的同事為你幹活，而讓我們的同事為我們的目標幹活，共同努力，團結在一個共同的目標下面，就要比團結在你一個企業家底下容易得多。所以首先要說服大家認可共同的理想，而不是讓大家來為你幹活。」

馬雲經歷

「我唯一能許諾的是四年人間的痛苦、委屈、不理解、難以溝通和失敗的努力，那才是你們真正的財富。股權？也許你們的主管給了你們一大把，那是假的，騙人的。」

馬雲的這段話居然會是阿里巴巴用以招攬人才的制勝祕訣，或許很多人不理解，但在馬雲看來，在阿里巴巴工作的人都是有夢想的人，把工作當做一種深造和學習來對待，而這才是創業型企業所應該具備的素質。

馬雲有一條底線：「有一樣東西是不能討價還價的，就是企業文化、使命感和價值觀。」馬雲是一個非常透明化的人，喜歡什麼，不喜歡什麼，都習慣表達得很清楚。多年來，他給人放話最多的就是：馬雲只和有相同價值觀念的人一起戰鬥。

靠共同價值觀來招人，然後用共同奮鬥目標來留人，這是馬雲聚人的一個高明之處。「我從來沒留過他們（員工）。阿里巴巴十多年以來兩萬多名員工，離開的也有一萬名左右了，我一下子記不清楚。這麼多人，我從沒留過任何人。」這是馬雲在二〇一〇年十二月在和八〇後、九〇後聊天時說的話。

阿里巴巴創辦初期，正急需人才之時，一位香港IT高手送上門來，馬雲說：「每月五百元。」這位高手大吃一驚，這工資連給女朋友打電話都不夠，掉頭就走，沒想到馬雲也毫不挽留。

阿里巴巴現任的CFO蔡崇信是瑞典AB公司的副總裁、耶魯大學經濟與法學博士，美國註冊律師和會計師，一九九九年因為和馬雲的一場「推心置腹」而加入阿里巴巴。蔡崇信之後，又有雅虎搜尋引擎的底層專利發明人，現任阿里巴巴CTO的吳炯，GE前高管，現任阿里大學校長關明生等人加入。

吳炯回憶說：「二〇〇〇年五月第一次回國，我順道去看馬雲，發現馬雲的創業團隊都擠在馬雲自己的房子裡，所有參與創業的人都掏錢出來放到公司，每個月就拿基本生活費，而且沒日沒夜在幹，這種使命感，我感覺比雅虎當年有過之而無不及，所以我決定加入了。」

蔡崇信等人的加盟幾乎是個謎。因為這些人加入阿里巴巴之時都已經身價不菲，擁有很高的年薪收入，還有雅虎等美國上市公司的期權收入。而阿里巴巴當時除了一群人和一套理念之外，幾乎沒有什麼「看得見」的東西，蔡崇信等人的收入「可以買下幾十個甚至幾百個當時的阿里巴巴」，難道這些人都被馬雲蠱惑了嗎？

馬雲曾經說過：「真正優秀的人不是為錢而來的，真正有出息的人是創造錢的，沒有出息的人是為錢去的。」而吳炯解釋得更加直白：「你們在電影裡都看到，解放軍衝鋒時說，為了全中國的解放事業，衝啊！而國民黨說，兄弟們給我衝，衝上去每人賞十塊大洋。這就是區別。最後誰贏了？共產黨贏了！」

成長煩惱

在馬雲帶領的團隊裡，共同的價值觀是團隊成員之間的維繫力，它使得整個團隊穩定而又有戰鬥力。每一個想有所成就的人在帶隊伍時，一定要把價值觀作為一個必要的衡量標準。

傑克．韋爾奇從價值觀和能力兩個方面出發，把員工分為四類：一類是不認同公司價值觀又沒能力的人。二類是認同公司價值觀、能力不夠的人。三類是不認同公司價值觀但有能力的人。四類是認同公司價值觀又有能力的人。

韋爾奇認為，第一類人對公司沒有任何價值，應該毫不猶豫地讓他們離開。第二類人能力不足，但他們對公司擁有忠誠度，這也是應該珍視的，可以考慮調整崗位或對其培訓教育，努力提高他們的能力。第三類人有完成工作的能力，但由於不認同公司的核心價值，缺乏忠誠度。這種人在公司能夠給他提供激勵機制時，可以和公司產生互相利用的關係，即所謂「合作」。第四種人認同公司的核心價值，又有能力，他們是公司的中流砥柱，是公司依靠的基本力量。在帶隊伍時，我們一旦發現這種人就要大膽地提拔重用，把公司的權力和資源都交給他，讓他成為公司領導團隊的核心成員。

智慧點撥

在這個世界上，僅靠一個人單打獨鬥是很難做成事兒的，任何場合、任何領域都需要人與人的合作，如何把不同背景、不同愛好、不同性別、不同國別的人聚集在一起呢？價值觀是一條有力的準繩，很多時候，它比金錢有用得多。我們要學會用價值觀判斷人、鼓舞人，在同一價值觀下，你的隊伍會更加有力量。

Attitude

34

財富分享，最實在的愛與關懷

「員工的離職原因林林總總，只有兩點最真實：一、錢，沒給到位；二、心，委屈了。這些歸根到柢就一條：幹得不爽。員工臨走還費盡心思找靠譜的理由，就是為了給你留面子，不想說穿你的管理有多爛、他對你已失望透頂。作為管理者，定要樂於反省。」

馬雲經歷

馬雲是一個很直率的人，他看問題比較根本，對人也很直接。他認為：「企業文化是空的、虛的，沒有支撐著的東西是無法前進的。價值感與工資是陰陽八卦、陰陽調和兩手都要硬。我們對進來的員工都給予他們三樣東西，一是良好的工作環境（人際關係），二是錢（今天是工資，明天是獎金，後天是每個人手中的股票），三是個人成長。」

在點評《贏在中國》一位選手的時候，馬雲說道：

「你自己很善良，也很有激情，也很幽默，也會講很多的故事，但你的團隊離開你的時候，你要想到一點，我們需要雷鋒，但不能讓雷鋒穿帶補靪的衣服上街去，讓他們跟你分享成功是很重要的。」

很多人對他很忠誠，一個最根本的原因就在於「跟著馬雲有肉吃！」馬雲為人很大方，這連以「財散聚人，財聚人散」著名的牛根生也佩服不已，「馬雲有很出色的分享能力，給員工分錢非常大手筆。」是牛根生對馬雲的評價。

馬雲說：「我成立這個公司的第一天起，我就為自己和整個公司立下規矩，永遠不能有任何人控股這家公司，包括我本人。」

二〇〇七年十一月，阿里巴巴公司在香港聯交所上市，在馬雲的堅持下，阿里巴巴實行「全員持股」計畫，馬雲甚至利用自己的影響力，還向孫正義和楊致遠為員工爭取了更多的利益。最終，四千九百名員工總共持有四・〇四億股上市公司股份以及三九一九萬股認股權和二十五萬股受限制股權等，合計四・四億股，約占總股本的二六・三二%。按此計算，阿里巴巴B2B業務的IPO實際為阿里巴巴內部員工創造了至少一百八十四億港元的市值財富。

馬雲這樣做的目的就是為了「和員工共用財富」。阿里巴巴集團數位高管一夜成為千萬富翁甚至億萬富翁，普通員工中成了百萬富翁的竟然超過千人。剛入職的大學生也分到了「上市大紅包」。團隊中有六十五％的員工擁有公司期權，世界上沒有哪個公司有這樣的事情，按照阿里巴巴現有七千名員工計算，能分享財富盛宴的員工超過四千五百人。馬雲的不凡之處在於，他沒有通過IPO將自己變成中國首富或亞洲首富，而是毫不猶豫地兌現了創業時的諾言，他將集團中七十％的員工變成了「大富翁」，他一夜之間點石成金，五千多名員工從此可以衣食無憂地享受生活。馬雲開創了互聯網公司上市歷史上最大規模的一次「造富狂潮」。

通過財富的共用，馬雲向員工表達了最大的誠意和關愛。儘管「有富同享」的直接後果是阿里巴巴最大的功臣——馬雲自己的股份被嚴重攤薄。因為馬雲堅持「全體員工共同持股」，導致馬雲自己的持股比例甚至不足五％。與盛大董事陳天橋持股比例高達七十五％、網易丁磊持股達五十％相比較，馬雲的比例可謂微不足道，甚至有對公司管理「失控」的危險。馬雲說：「我也不想自己一個人去控制別人，這樣其他股東和員工才更有信心和幹勁。」

此次上市宣告馬雲永遠告別了成為「首富」的可能，因為根據阿里巴巴的招股書顯示，馬雲只持有阿里巴巴B2B子公司一・八九億股股份，上市後馬雲的身價只有二十二億港元左右。在富豪榜的排名中永遠進入不了前四十名。

對於馬雲來說，上市只是開始，而不是結束。「創辦全世界最好的公司」這才是馬雲最關心的。怎樣實現這個夢想呢?毫無疑問,只有靠阿里巴巴每一名員工的努力奉獻。如何激勵並回報員工的辛苦和汗水呢?當然,沒有比「財富共用」更能體現公司的誠意和對員工的關愛了。馬雲是一位有心胸、有智慧的人,通過上市激勵員工,給員工們都「拷上金手銬」。這一點將馬雲的心胸智慧體現得淋漓盡致。

成長煩惱

很多年輕人會犯這樣的錯誤,因為害怕別人分享自己的成果、財富,處處提防保守,以至於陷入孤立的境界,最後只能眼睜睜地看著自己的成果和財富日漸減少。

世界上掙了錢的有兩種人,一種是「精明人」,一種是「聰明人」。精明人竭澤而漁,企業第一次掙了一百萬,八十%歸自己,然後他的手下受到沉重打擊,結果第二次掙回來的就只有八十萬。聰明人放水養魚,他第一次掙了一百萬,分出八十%給手下人,結果,大家一起努力,第二次掙回來就是一千萬。即使他這次把九十%分給大家,自己拿到的也足有一百萬。等到第三次的時候,大家打下的江山可能就是一個億,再往後就是十個億。這就叫多贏。獨贏會使所有的人越贏越少,多贏會使所有的人越贏越多。所以,「精明人」掙小錢,「聰明人」賺大錢。「精明」與「聰明」,一字之差,相差何止千里。

智慧點撥

孔子曰：「惠足以使人」，意思是通過物質利益就足以驅使別人為你做事。民間的老話更加直白，說「有錢能使鬼推磨」。這兩種表述其實都是一個意思：那就是人們願意為了利益而聽從別人指揮。趨利是人的本性，要想長期團結人，就必須首先滿足他們的物質需求。無論是經驗還是成果，都要學會與人分享。只有懂得與人分享，樂於與人分享，敢於與人分享，才能充分得到別人的尊重與認可，才能讓你事業走向成功。

Attitude

35

有用武之地，才會甘心相隨

「互聯網是四乘一百米接力賽，你再厲害，只能跑一棒，應該把機會給年輕人。」

馬雲經歷

阿里巴巴的核心團隊中，有很多人是跟隨馬雲一路成長的，如現任阿里巴巴COO李琪，淘寶網總經理孫彤宇、阿里巴巴副總裁金建杭等，均是參與創業的所謂「十八羅漢」成員。

馬雲說：「他們和我一樣，都算不上聰明絕頂的人，但是這幾年內成長飛快」。馬雲的團隊內有很多成長奇蹟，前台的接待員能夠成長為客服總監，賓館的大堂經理變成了「支付寶」的黃金銷售員，馬雲說，一個組織健康的企業平台，融入創業的激情，加上競爭的機會，會使得最平常的人都成長得很快。

為了讓更多人有發展空間，馬雲曾經發過狠招：讓創業功勳們集體辭職，為新人騰位置。

二〇〇九年農曆九月十日是阿里巴巴集團成立十週年的日子，同時也是阿里巴巴創始人馬雲的四十五週歲生日。不過就在「雙喜臨門」的阿里巴巴十週年慶典晚會上，阿里巴巴董事局主席馬雲語出驚人，他稱包括自己在內的公司十八位創始人將「集體辭職」。

「我們不希望背負過去的榮譽，明天我們將會重新應聘求職於阿里巴巴，和任何普通員工的一樣，從零開始，為下一個十年繼續努力。」馬雲表示。

馬雲此舉受到了復星集團董事長郭廣昌的高度讚揚，「我比較欣賞馬雲的做法，企業從零開始，再也沒有創始人的概念，每個人成為企業的員工，能夠為未來十年的發展奠定一個良好的利益分配基礎。」「從九月十一日開始，阿里巴巴將進入一個新的時代，進入合夥人的時代。」馬雲這樣解讀「辭職」帶來的變化。他表示，阿里巴巴的第一個十年，是創始人時代，而第二個十年，將是合夥人的時代。所有重新競聘上崗的「十八羅漢」，都可以以合夥人的身分與集團一起「重新創業」。馬雲用心良苦是為了給更多優秀人才「騰出空間和位置」，使公司不至於被「創始人意志」所左右。「十八羅漢辭職」只是馬雲系列計畫中的最後一步。

早在二〇〇七年十二月，也就是阿里巴巴B2B業務上市後一個多月，馬雲就以「幹部輪休學習計畫」將孫彤宇等部分創始人「替換下場」。當時有媒體形容那次的舉措是馬雲的「杯酒釋兵權」。

「集體辭職」之後，在阿里巴巴一百多位高管中，創始人只剩下六個；在五、六人組成的最高決策層中，創始人也僅有馬雲和蔡崇信兩人。據瞭解，其餘的位置全部給了公司內能力出眾的員工，或者是從外面引進的人才。阿里巴巴B2B業務CEO衛哲以及集團總參謀長曾鳴這些「空降兵」早已成為馬雲的「左膀右臂」。

成長煩惱

有一則古代寓言叫削足適履，是說有一個人在集市上買回一雙鞋子，回家後發現鞋子不合腳，就將自己的腳用刀子削得適合鞋的大小。這則寓言已成為千古鏡鑑。但是，當今社會，有許多領導人在用人方面，仍然效法古人削足適履，而不注重足履相宜，不堅持量才適用的用人原則，最終結果既不利己，也不利人，更不利於組織的穩定和繁榮。

馬雲非常重視讓員工感受到自我的價值，他不惜承擔著「杯酒釋兵權」的罵名也要為員工騰位置，為員工創造提升空間。通過這種做法，馬雲傳達了兩種意圖：第一，企業是員工的，人與人之間的機會是平等的；第二，只要有能力，沒有哪一個位置是不可替代的。

在現在這個競爭社會，永遠打不破的鐵飯碗是不存在的，能力決定著地位，「今天工作不努力，明天努力找工作」，年輕人無論現在是否在領導崗位上都要明白這個道理。

智慧點撥

馬斯洛需求層次理論告訴我們，人除了生理需要、安全需要、歸屬需要、尊重需要外，還有自我實現的需要，為對方創造實現自我、超越自我的環境，是聚攏人心、經營人脈的一個不錯方法。這將成為你的一種不可忽視的人格魅力。身在領導崗位的年輕人要懂得抓住人類的這一最高需求，經營人脈，它將是你打開人脈大門的鑰匙，年輕人要懂得不斷追求自我。

Attitude

36

跟你混，人家首先要開心才行

「判斷一個人、一個公司是不是優秀，不要看他是不是哈佛（Harvard），是不是史丹佛（Stanford）。不要看裡面有多少名牌大學畢業生，而要看這幫人幹活是不是發瘋一樣地幹，看他每天下班是不是笑瞇瞇地回家。」

馬雲經歷

馬雲認為，別人跟著你幹，除了物質和能力得到滿足之外，還有最重要的一個前提就是開心。他不止一次說過這樣的話：只有感覺到「爽」，他才會留下來。這是好雇主最應該做的事情，就是一定要讓員工「爽」。

很多馬雲的追隨者也坦承，跟著馬雲混就是一個字——「爽」，馬雲幽默、大方、真實不做作，讓人絲毫沒有壓力。「員工工作的目的包括一份滿意的薪水、快樂地工作和一個好的工作環境。其中最重要的就是在企業中能快樂地工作。我們阿里巴巴的LOGO是一張笑臉。我希望每一個員工都是笑臉。」

其實，快樂文化，如今幾乎每個企業都在講，但講歸講，落到實處的又有幾家呢？馬雲一向很務實，他認為，快樂不能停留在一個概念上，因為概念永遠不能成為吸引力。譬如，任何一個領導者，必須從自身做起，永遠要把自己的笑臉露出來，如果你的臉看起來很痛苦，那麼就不可能給別人帶來快樂，所以快樂是需要展示出來的。

為了讓部下「爽」，馬雲和阿里集團可謂不擇手段。在阿里，你可以聽到：「阿珂！」「青桐！」「破虜！」如果走進一間辦公室，聽到有人這樣打招呼，可不是金庸武俠小說的拍攝現場，那是阿里巴巴集團下屬淘寶公司的員工們給自己取的「花名」。同樣，淘寶的會議室名字也是「金庸特色」，什麼「黑木崖」啦，「俠客島」啦……

在阿里，你可以看到：有人愜意地在自家陽台上辦公；有人乾脆搬個電腦移師咖啡館；有人不惜犧牲「色相」，穿著居家睡衣出鏡；還有人極具誘惑地曬出了三菜一湯，這是「咱在家辦公的中餐，親自下廚做的」；更有膽大男同事，清涼裝視頻出鏡，喝著飲料上網瀟灑辦公……

這樣做，目的是讓員工有一個放鬆的工作環境。在阿里巴巴，員工可以穿直排輪上班。而且只要家裡有寬頻上網的電腦，沒有停機的電話和手機，能保證正常辦公，符合這幾個條件，報名後不用經過上級同意和批准，就可在家辦公。

阿里巴巴的辦公環境，可以說是「五彩繽紛」。主色調是橙色，「因為這是溫暖而快樂的顏色，精彩紛『橙』是阿里人的文化符號」。整個阿里巴巴沒有空白牆，都被員工設計成了各種顏色的「文化牆」，連廁所也不放過。

在阿里，有著豐富的幫派文化。「阿里十派」，原來指的是阿里巴巴的十個員工俱樂部，分別有足球派、寵物派等，現在已發展到十六、七個「派」。員工們各顯神通，在內網上發展會員、組織活動。活動的照片，就在各種文化牆上展示。其中淘寶公司還在員工休息處搞了個醒目的「淘寶武林幫派積分榜」，你追我趕好不熱鬧。就是廁所也極具文化風格，女廁所被叫做「聽雨軒」，男廁所叫做「觀瀑亭」，每個蹲位還被開發成廣告位，由專門部門管理，所有「幫派」可以在這裡發通告，「因為這裡是所有人都要去的地方，人流量最大」。

每年的五月十日，更被定為「阿里日」。所有的員工家屬，這一天可以走進阿里巴巴，看看自己親人的工作環境。馬雲還會在這一天做主婚人，主持員工的集體婚禮。

成長煩惱

在狼性文化的團隊裡，一切都太殘酷了，人們往往會因此而不安；在藏獒文化的團隊裡，一切都過於忠誠，以至於少了變通，組織將很難發展；在軍隊文化的團隊裡，一切都過於嚴密，會大大扼殺組織的創造力。相比之下，快樂文化是一種不錯的選擇。

現代人太痛苦太緊張，有太多的壓抑，不如意的事十有八九。在競爭的道路上你追我趕，結果發現自己得到的遠不如失去的！如果作為社會基本細胞的企事業單位都來創造和推動「快樂文化」，那麼整個世界都會變得美好起來。

哲人奧修說：「每一樣東西都依賴其他東西。」你送給別人快樂，別人也回報你快樂，大家都生活在快樂之中。在快樂的氛圍中，每一個心中每天都有一片陽光，所產生的力量和效率是不可估量的。

智慧點撥

一張滿面春風的笑臉能夠間接消除人與人之間的緊張和對抗情緒，並讓大家保持一種輕鬆的心情，辦起事來也會幹勁十足，效率極高。一般來說，你怎麼對別人，別人也會怎麼對你。情緒是可以感染的。如果你盡量保持微笑，你將會發現因你的改變，世界變得更美好。

帶給別人快樂的感受是聚攏人心、擴展人脈的不錯方法。

第 5 章

競爭最大的價值，不是戰敗別人，而是發展自己

關於與人競爭的人生態度

Attitude

37

「打著望遠鏡也找不到對手」是一種境界

「我們與競爭對手最大的區別就是我們知道他們要做什麼，而他們不知道我們想做什麼。我們想做什麼，沒有必要讓所有人知道。」

馬雲經歷

眾所周知，馬雲是個武俠迷，最喜歡的武俠人物就是《笑傲江湖》中的風清揚，馬雲特別佩服他無招勝有招，不循常規出劍的思路。

一九九九年二月，馬雲受邀參加了在新加坡召開的亞洲電子商務大會。因為那時的亞洲電子商務剛剛起步，這個大會雖說是亞洲大會，但受邀的與會人員中，真正的黃皮膚黑頭髮的亞洲人卻只有寥寥數人，而歐美人竟占到了八十%。

在會議現場，老外們暢談歐美式的電子商務，他們講eBay，講亞馬遜。輪到馬雲發言時，他用流利的英語說道：「亞洲電子商務步入了一個誤區。亞洲是亞洲，美國是美國，現在的電子商務全是美國模式，亞洲應該有自己獨特的模式。」他一竿子打在了現場八十%以上的歐美人臉上，可謂是語不驚人死不休。

當時很多人認為馬雲是口出「狂言」，是「小孩子」不懂事，可馬雲卻偏偏堅信自己是正確的，「歐美的電子商務市場，特別是B2B模式是針對大企業的，亞洲電子商務市場主要在中小型企業，這兩種市場不可能用一樣的模式。」

一九九九年，馬雲創辦了阿里巴巴，一開始，馬雲為融資在一周內跑了四十多位風險投資商，卻屢遭拒絕。沒有人看好馬雲嘴裡的B2B模式。當時互聯網領域的先鋒人物丁磊、張朝陽等人對B2B模式也不看好。雖然外面否定的聲音能震破耳膜，但馬雲卻毫不在乎別人怎麼說，他只相信自己的感覺，在他心裡，別人越看好，他越不做，別人不看好，他倒要出其不意地試試看。

很長一段時間裡，他每到一地，總是不停地演講，他揮舞著他那乾瘦的手，對台下的聽眾大聲叫道：「B2B模式最終將改變全球幾千萬商人的生意方式，從而改變全球幾十億人的生活！」

到了二〇〇二年，網路經濟泡沫破裂，許多做B2B貿易的網站一個個相繼倒下，最後只剩下阿里巴巴，並且阿里巴巴做到了收支平衡，阿里巴巴的盈利模式開始為世人矚目。到了二〇〇四年，阿里巴巴一躍成為全球企業首選的商務平台，網路商務價值凸顯，在當年的年度經濟人物頒獎現場，馬雲說出了那句很經典的話：我就是打著望遠鏡也找不到對手。

是馬雲狂妄嗎？是阿里巴巴了不起嗎？不是，馬雲之所以打著望遠鏡也找不到對手，是因為在很長一段時間裡，阿里巴巴模式是不被人認可的，而唯有馬雲看到了它的價值，並且一步步地把它變成了現實。馬雲有了「無中生有」的創新自然可以優享沒有對手的自在。

「與眾不同不是我做出來的，而是我的本能。」馬雲如此解釋自己的狂言妄語，他認為，之所以有人認為他狂妄，是因為大家並不瞭解他的所思所想，「外邊的人看裡邊的人都是瘋子，瘋人院裡的人看外邊的人也不正常」。

很快，阿里巴巴模式已經被視為符合中國發展特點的B2B模式，並被譽為是繼雅虎門戶網站模式、亞馬遜B2C模式和Ebay的C2C模式之後，互聯網的第四種模式，其獨特模式被美國十大著名院校的商學院研究，而且還被列入哈佛大學商學院MBA的教學案例。時間向世人證明了，馬雲是智者，而不是瘋子。

成長煩惱

在一直隨大流，別人追什麼，自己也追什麼，最終生活過得平庸而艱辛的時候，很多人看著別人的成功，會酸溜溜地感歎：他就是命好。其實，任何成功都不是偶然的。馬雲能做成阿里巴巴，而不是張雲、李雲，是因為馬雲有眼光，他在一片迷茫中看到了機會，是因為馬雲有能力，他自己走出了一條康莊大道。因此，在陷入生死絞殺的競爭陷阱中時，不要抱怨，也不要羨慕別人的輕鬆，先問一問自己有沒有找到新思路。

魯迅先生曾稱讚：「第一次吃螃蟹的人是很令人佩服的，不是勇士誰敢去吃它呢？」螃蟹形狀可怕，醜陋凶橫，第一個吃螃蟹的人確實需要勇氣。同樣，開拓新思路也需要勇氣，在看不清路上是荊棘還是懸崖的時候，有的人邁出去，他自然能先一步領略到路上的美妙風景。而等到道路開拓出來了，人們一擁而上的時候，身處其中的人只能忍受擁擠的煎熬。

智慧點撥

小米創始人雷軍說：「站在風口，豬也能飛起來。」創新性的思路找到好的風口，也就能占盡一切便利，打著望遠鏡也找不到對手，占據不可超越的領先優勢。身處競爭漩渦，而疲憊不堪、傷痕累累的時候，不如退一步想想，讓自己騰飛的風口在哪裡，找到了順風順水的風口，一切也就變得簡單了。

Attitude

38

競爭是極其快樂的事情

「碰上了競爭對手後，我不會為所謂的鬥爭感覺到累；相反，我在當中找到了樂趣。競爭是極其快樂的活動，只有競爭存在，企業才有發展和進步的動力及可能。如果沒有了競爭，很快，企業也將走向下坡路。在競爭的時候不能帶有情緒，要發自內心地感受快樂。」

馬雲經歷

馬雲二〇〇四年在成都網商論壇上的演講明確了對競爭對手的態度：「我一直認為如果沒有競爭對手是很孤獨的，阿里巴巴孤獨了五年，我們應該互相學習，商場競爭永遠不需要打口水仗。阿里巴巴尊重所有進入這個市場的競爭者。市場上競爭者越多，市場越大，機會越多。我給大家一個建議：要把競爭對手當做你的產品研究中心。我對阿里巴巴對手的態度是：尊重、欣賞、學習！」

二○○五年八月十一日，中國互聯網歷史上誕生了最大的一宗併購案。阿里巴巴（中國）網路技術有限公司正式宣布收購雅虎中國所有業務，包括門戶網站、雅虎搜索、即時通信及拍賣業務等，同時還獲得雅虎十億美元投資，而雅虎則獲得新阿里巴巴三十五%的股份。併購雅虎中國後，阿里巴巴將互聯網領域所有當紅的概念與業務集於一身，包括電子商務、門戶、搜索和即時通信。它對當時的中國互聯網業帶來的衝擊是空前的，成為了所有中國網路公司的競爭對手。在電子商務領域裡面，它遭遇了eBay這個全世界最強大的競爭對手；在搜索領域，它碰上了世界上發展速度最快的公司——Google公司和中國發展態勢迅猛的百度公司；在綜合領域，它被新浪、搜狐、網易等公司當成了競爭對手。

在強敵林立的情況下，馬雲卻很享受：競爭最大的價值，不是戰敗對手，而是發展自己，競爭者是你的磨刀石，把你越磨越快，越磨越亮。

馬雲對自己和團隊非常有信心，他會說：「競爭是難免的，阿里巴巴從來不怕競爭，但是我覺得競爭的主要目的並不是為了打敗誰，也不是為了贏得誰，競爭的主要目的，是為中國真正做一個持續發展、世界一流的搜尋引擎，我相信憑藉雅虎的技術，憑藉阿里巴巴的管理團隊，特別是阿里巴巴擁有強大的客戶資源，我相信在搜尋引擎裡阿里巴巴一定能夠有所建樹。」

馬雲說：「在一個行業裡，一枝獨秀是不行的，也是危險的。中國的事情凡是三足鼎立才能使一個行業發展起來，至少做大三家才有錢賺。一個很好的例子是TOM進來了，三大門戶網站之間不打架了，為什麼？因為大家都成熟了，這個行業也漸漸成熟了。」

成長煩惱

在B2B領域，阿里巴巴一直是孤獨的，沒有競爭對手能跟其左右，對此馬雲既欣慰又遺憾。他積極併購雅虎，把阿里巴巴置於整個互聯網行業的競爭中心，他是自討沒趣嗎？不是，馬雲很清楚，有競爭才有發展。

在野外叢林，獅子和羚羊相遇，賽跑就會發生——獅子發誓要追上羚羊，因為追上羚羊，它才有食物吃；羚羊發誓一定要跑過獅子，否則它就會成為獅子的美餐。羚羊之間也在進行著殘酷的競爭，跑得最慢的羚羊就會成為獅子的食物，而其他的羚羊就可以暫時倖免於難。在這種此消彼長的競爭中，羚羊和獅子變得十分敏捷和健壯，這是動物園裡的羚羊和獅子永遠也比不上的。這就是競爭的好處。

年輕人在日常的工作生活中，應該學習馬雲對待競爭的這種態度。在日復一日的日子中，不妨給自己找些競爭對手，要知道，競爭會給我們增加壓力，甚至產生焦慮，但另一方，它可以激發我們的潛能，讓我們滿懷希望，朝氣蓬勃，對個人的發展是極其有利的。

智慧點撥

以人為鏡可以明得失，有對手是件好事。它能讓我們發現自己的不足，學習別人的長處，不斷提高自己。沒有對手，就沒有動力。正是因為對手的存在，我們才能不斷地超越自我，突破極限。真理就誕生在與對手的不斷較量中。

Attitude

39

到敵人防守最薄弱的地方去壯大自己

「碰到一個強大的對手或者榜樣的時候，你應該做的不是去挑戰它，而是去彌補它，做它做不到的，去服務好它，先求生存，再求戰略，這是所有商家的基本規律，你還沒有站穩腳跟就去跟人家挑戰肯定是不行的，先生存再挑戰，這樣贏的機會就會越來越大。」

馬雲經歷

二〇〇三年，在很多大城市的公車身，能看到很多奪人眼球的美女廣告。這實際上是馬雲在與eBay之戰中，採取「農村包圍城市戰略」的結果。當年，阿里巴巴一億元打造淘寶，而eBay則宣布將投放一億美元用於eBay易趣的推廣。eBay利用自己強大的資金實力，買斷了幾乎所有主要大型網站的廣告，在合作協定中明確，這些網站不能再和淘寶合作。這樣一來，馬雲雖然抱著孫正義投資的滾滾白銀，卻花不出去。這對於處在上升期、急需網路流量的淘寶網來說，幾乎是被切斷了生機。

二〇〇三年，馬雲在淘寶全體員工大會上發表講話：「現在敵人已經採取行動，要將我們扼殺在搖籃裡，我們一定要想出其他的辦法。世界上不是只有一條路通向羅馬。古代兵書講戰鬥應『避實擊虛』，毛主席的『農村包圍城市』戰略與此如出一轍，又分明『青出於藍而勝於藍』。毛主席能想出農村包圍城市這樣創造性的軍事理論，我們也可以拿來用一用。eBay不是控制了大城市嗎？我們就到農村去，到敵人防守最薄弱的地方去壯大自己。」

馬雲制定的「農村包圍城市」戰略就是避開被eBay掌控的大型網站，轉而與大量小網站合作。國內小網站星羅棋布、數量龐大，其整合難度是非常大的。淘寶並沒有被巨大的困難嚇倒，他一步步地整合中小網站的資源，一點點地推廣淘寶。沒想到，這個下下之策，竟然起到了非常好的效果，廣告效應甚至超過三大門戶。到二〇〇六年五月，淘寶占據的市份額已近七十%，eBay已無還手之力。

馬雲此舉，也是被逼無奈。但是，這一逼卻逼出了另一個天地，那就是垂直網站、論壇和個人網站的巨大傳播力。事實證明，這個「農村」根據地對淘寶貢獻巨大。在這次競爭中，馬雲巧妙運用毛主席的「農村包圍城市」的戰略，收到了非常好的效果。

成長煩惱

馬雲的「農村包圍城市」的戰略詮釋了以弱勝強的真理。商業競爭中，許多實力雄厚的大企業往往依仗其雄厚實力起來排擠弱小的中小企業；或是兩家實力相當的企業常常在一起爭個你死我活，最終兩者都被削弱，都得不著好處。這樣的情形，一味地硬碰硬的競爭，結果要麼是兩敗俱傷，要麼是弱的先倒下。

對於這樣的競爭，不但是與競爭對手旗鼓相當的企業不能爭，實力弱於對手的企業更是不能去爭。在這種競爭形勢下，不妨退後一步，避開鋒芒，向著競爭對手薄弱的環節下手。即在最主要的功能上投入遠比競爭對手多的優勢資源，而放棄其他的非戰略性功能，從而創造了其他公司所不及的戰略優勢。對於個人來講，這個道理同樣適用。面對強大的競爭對手，不要硬碰硬。人無完人，再強大的對手也有薄弱的地方，瞄準薄弱點，積蓄全身力量發起攻擊，一定能戰勝強大的敵人。

智慧點撥

與人相處，矛盾和競爭是難以避免的，這時最怕硬碰硬，硬碰硬的結果只有一個，那就是兩敗俱傷，尤其是面對強大的敵人，正面攻擊只會傷敵三分，自損七分，得不償失。這個時候，最好的方法是避重就輕、避實就虛，找到敵人的薄弱環節去壯大自己。

Attitude

40

占了優勢，別忘了讓自己再強大一點

「不管你擁有多少資源，永遠把對手想得強大一點。」

馬雲經歷

淘寶的成功僅僅靠免費二字就足夠了嗎？馬雲認為，這是遠遠不夠的，「只有淘寶的附加價值不斷提高，用戶轉過來才是有意義的，免費不應該是客戶轉移到淘寶的主要原因。所以即便我們免費，服務也要做得比收費更好。」

自淘寶成立之日起，馬雲就將阿里巴巴「客戶第一」的價值觀移植到淘寶，他對淘寶的客服制定的工作標準是用心去服務，對於技術平台的要求也很高：做出不需要服務的產品。他規定淘寶的中高層包括自己都要頻繁地與淘寶會員進行各種各樣的溝通，搜集各種各樣客戶的需求，針對這些需求，不斷升級淘寶的服務水準。支付寶就是在這種背景下誕生的。

在與客戶的溝通過程中，馬雲瞭解到，賣方與買家間的不信任是網上賣場發展的一大掣肘。當時，易趣、淘寶這些網上賣場都只提供交易平台，對買賣雙方沒有任何約束力。賣方為了保護自身利益，通常會採用「款到發貨」模式下，在這種情形下，買家就得承擔起全部的交易風險。因此，很多買家會不敢輕易下手，網上交易進展艱難。

誰都不想承擔交易風險怎麼辦呢？馬雲站了出來。二〇〇三年十月，淘寶試探性地發布了「支付寶」服務——買家將貨款打入淘寶提供的協力廠商帳戶，確認收到貨物之後再將貨款支付給賣家。支付寶作為協力廠商仲介結構斡旋其間，有效降低了買賣雙方的交易風險，買賣雙方對此當然是舉雙手贊成，由此淘寶的會員註冊數和成交率迅速攀升。

除了支付寶外，淘寶還組織商戶會員自發成立了以地域為特徵的各地商盟，商盟將當地的淘寶賣家組織起來，互助性地開展活動，互相之間交流商品買賣心得，培訓會員如何拍攝圖片，如何尋找貨源，如何定價……商盟的作用一是為商盟成員服務，除此之外，還能有效打擊欺詐行為。欺詐行為一旦發生，商盟內部會馬上發現並對欺詐者先行予以處罰，然後交給淘寶管理員將其開除，這種方式使消費者的投訴管道保持暢通，保證了交易環境的乾淨。

免費模式讓淘寶占據了先發優勢後，馬雲的做法愈加顯得戰戰兢兢，如履薄冰，為什麼？因為他很清楚，在競爭中的任何勝出都是暫時的，一不小心，很可能被後來者居上。因此，滿足客戶需求，超越客戶需求，處處為客戶著想，為客戶提供無價的服務，這才是淘寶能夠真正勝出的關鍵。

成長煩惱

馬雲在利用「免費模式」占了先發優勢之後，他沒有因為免費而在服務上打折扣，而是進一步完善服務，超越客戶的期待。他深知，成功的背後就是陷阱，過去成功很可能會成為今天失敗的原因。任何事物發展的客觀規律都是波浪式前進，螺旋式上升，週期性變化。成功只是暫時的，在取得成功後，把自己的心態歸零，才能從容應對未來的各種變故。

在日常工作生活中，年輕人更要注意沾沾自喜要不得！在取得成績的時候，更要保持冷靜的頭腦，因為當你成功時，在你的周圍難免會有人嫉妒，會有人使壞，更會有人想要隨時替代你，你隨時可能聲名狼藉，萬劫不復……這個時候，你應該做的是謙虛、謹慎、戒驕、戒躁；要做到生命不息，奮鬥不止；要繼續努力，爭取百尺竿頭更進一步。

智慧點撥

過去的成功只是可借鑑的經驗，躺在成功的肩上睡大覺的人，很快會輸得一場糊塗。在取得暫時的成功，占了一時的優勢的時候，我們一定要保有一顆平常心，以歸零的心態去面對這個變化越來越快的世界時，以不斷學習、不斷進步的態度去適應新環境，接受新挑戰，創造新成果。

Attitude

41

有所為有所不為

「我不願意聘用一個經常在競爭者之間跳躍的人。別人可以那麼做，不代表你也可以那麼做。」

馬雲經歷

二〇〇五年八月，「阿雅聯姻」，阿里巴巴正式收購了雅虎中國的全部資產。但是馬雲還沒有從成功的喜悅中緩過勁來，就被此起彼伏的「挖人」電話給了當頭一棒。幾乎所有的雅虎中國的員工都接到了「獵頭」的電話。馬雲感到了事態的嚴重：「好像全世界的獵頭公司這幾天都出現在這個公司。」

雖然通過和原雅虎員工的見面會留住了絕大部分人，但人才的陸續流失讓馬雲十分頭疼，很快馬雲制定了雅虎中國轉型後的第一步戰略：「從十一月分開始，我們將在全國範圍至少招聘一百名技術人員，其中五十名來自大學的應屆畢業生。」為了贏得人才，馬雲承諾每一名被錄取員工都將得到阿里巴巴公司的股票期權，而為了招聘到最優秀的人才，雅虎中國將採取「海選」的方式，且由馬雲帶隊在全國範圍內巡講。為了解決人才問題，馬雲下足了血本。

挖牆腳在商戰中很普遍，各個商家都有被動挖或主動挖的經歷。挖牆腳後，不僅壯大了自己的實力還能減弱競爭對手的競爭力度，可謂一箭雙鵰。因此，挖牆腳現已成為了競爭對手之間搶資源、搶人才的必備手段了。可自雅虎中國人才流失事件發生後，馬雲對競爭對手之間互挖牆腳搶人的做法深惡痛絕，他說：「我們絕對不會這麼做。我們不但絕對不允許自己的公司挖競爭對手的人，同時也不允許我們的獵頭挖，同時也強烈鄙視、排斥和譴責競爭對手挖我們的人。」

對於通過挖牆腳從競爭對手那裡搶奪人才的做法，馬雲自有一套理論：從競爭對手那邊挖過來的人，如果他說出原來公司的祕密，他就對自己的舊主「不忠」；如果他不說，他就對現在的新公司「不孝」；即使不讓他說原來公司的祕密，他工作中也會無意識地用到，這樣他就「不義」了。「挖人」不符合阿里巴巴的價值觀，我們不希望挖過來的人變成「不忠、不孝、不義」的人。

阿里巴巴有一個奇特的現象，員工薪酬從不按市場價格定價，幾乎所有進來的員工與管理者都比原公司收入減少一大半，從八千元、九千元降到三千元是常事，跳到阿里巴巴的雅虎搜尋引擎發明人吳炯到了阿里巴巴不僅工資降了一半，還失去了每年七位數的雅虎股權收入。為什麼這麼做？馬雲說，一方面，因為資金來自風險投資，必須節約。另一方面，他不希望用唾手可得的利益吸引人才，而是用自己的企業文化。正是因為文化的魅力，阿里巴巴從未用高薪吸引人，但隊伍卻十分穩定，因為每一個阿里巴巴人都很堅信：公司的成敗掌握在自己的手中，公司的成就也掌握在自己的手中。

成長煩惱

一場搶答賽，倘若沒有競爭原則將會一團糟；一場考試，倘若作弊成風，就失去了它的意義。生意場上，倘若沒有競爭原則將只會出現爾虞我詐、相互傾軋、傷敵一百自損八十。無論在什麼情況下，競爭都不可以不擇手段，要做到有所為有所不為。

競爭是一種催人奮進的動力。生活、學習和事業上的競爭角逐，能激發令人難以想像的勇氣和毅力。但是競爭必須建立在遵循一定原則的基礎之上，也就是要充分體現正大光明。

在社會生活中，我們需要競爭，更需要公平的競爭。競爭要以不損壞別人的利益為前提，要以共同提高為原則。競爭不排斥合作，良好的合作有時還會促進競爭，只有這樣，我們彼此間才有相互的信任。面對不公平的競爭，我們還要敢於抵制，正確地處理公平與競爭的關係，做一個合格的競爭者。

智慧點撥

一個人做事要講原則，有些事情要努力去做，有些事情則不能去做，比如違背道德、傷害社會整體利益的事兒，是無論如何都不能做的。在與人競爭中，我們為達目的可以施展各種招數，明的、暗的，可以採用各種策略，直接的，迂迴的，但切記，做人做事的基本原則絕對不能違背，不論什麼時候，我們都要堅守自己的底線。

Attitude

42

競爭對手是最好的實驗室

「競爭對手所做的每一項決策，都能使我們獲得成長。競爭對手還是企業最好的實驗室，因為競爭對手會研究你。而你也會從他們所提出的任何創新點子中吸取經驗。」

馬雲經歷

阿里系的老大當屬B2B，這也是整個集團真正的盈利點與現金牛。在阿里巴巴B2B公司背後，有一大堆追趕的身影——慧聰、環球資源、來自中東的特佳易、義烏的小商品網等。「一直被跟隨，從未被超越」。阿里巴巴B2B公司習慣了領跑，其領跑過程中不忘向競爭對手學習。

二〇一〇年四月，阿里巴巴旗下全球速

賣通正式上線，它是阿里巴巴旗下唯一面向全球市場打造的線上交易平台，被廣大賣家稱為「國際版淘寶」。全球速賣通面向海外買家，通過支付寶國際帳戶進行擔保交易，並使用國際快遞發貨。全球速賣通是阿里巴巴轉戰國際市場的關鍵一步，它的推出及整個發展過程非常順利，分析其中的原因，除了有淘寶在國內市場的成功運作這個經驗範本外，敦煌網的運作模式也為它提供了有利的借鑑。敦煌網是第一家整合線上交易和供應鏈服務的B2B電子商務網站，主要是幫助海外中小買家在中國找到貨源。敦煌網的盈利模式不是向國內賣家收取會員費，而是讓買賣雙方免費註冊使用網站，並在交易完成後向海外買家收費。全球速賣通平台提供的服務與eBay以及敦煌網等無本質差別，只在賣家准入、收費方式、交易流程上有細微差別。馬雲向競爭對手學習的理念，讓全球速賣通有效地規避了未知的風險，一開始就站在了一個高的起點上。

有這樣一句話，上帝總是把等重的人放在天平的兩邊。對手不是敵人，而是和我們擁有同等價值重量的人。要善意地對待競爭對手，並從對手那裡改進自己，警戒自己。沒有對手，你就不會知道自己的弱點與不足，只有對手，才可以讓你時時刻刻運用自己的大腦。阿里巴巴就是在與對手的競爭中不斷地成長。

? 成長煩惱

二〇〇四年，中國運動員劉翔獲得一百一十公尺跨欄冠軍時，與前世界冠軍詹森緊緊地抱在了一起，這個時候的劉翔心情是極其複雜的。他自己最清楚，自己是沿著詹森的腳步，一步一步走來的。從開始的一點一滴地觀察、研究，到模仿和學習，揚長避短，逐漸發揮出自己的優勢。正是在向競爭對手不斷學習的過程中，他不斷提升自己，並最終超越了這位賽場「老師」，而成就了自己的霸業。

職場如戰場，作為一個求職或在職的年輕人，你時時刻刻都要面對激烈的競爭，比如：你的同事、領導、下級以及同行業的員工，這些都是你目前和潛在的競爭對手。面對如此眾多的競爭對手，你必須懂得向他們學習的重要性。學習他們成功的經驗，或借鑑他們失敗的原因，以防自己再犯同樣的錯誤，最大限度地發揮自己的優勢和長處，唯有如此，才能超越競爭對手，為自己贏得更大的提升空間。

智慧點撥

競爭對手是一面絕好的鏡子，他們身上發生的事情正是你身上已經發生、正在發生或將要發生的事情，向競爭對手學習，可以讓你認識自我進而突破自我，成就未來。對於一個立志成功的人來說，培養向競爭對手學習的胸懷和習慣顯得尤為重要。

Attitude

43

競爭不是要消滅對手

「其實沒有對手也活得不簡單，這是一個生態系統，不是把獅子全滅掉了以後，羊群就活得很好，未必。所以我覺得我們今天阿里在做的不是一家公司，我們更像一個生態系統，在這個生態系統裡面，需要各色各樣的動物，各色各樣的植物，形成整個體系。」

馬雲經歷

二〇一一年五月，京東宣布棄用支付寶，劉強東公開表示，京東與支付寶終止合作主要是因為支付寶費率過高，京東每年要向支付寶付出幾百萬乃至上千萬的費用，這令其難以承受，已經損害京東客戶的利益。京東與淘寶開始了第一場正面交鋒。

二〇一一年十月二十四日晚，雙方矛盾

進一步明朗化。京東商城CEO劉強東發布微博指責，「一家網站未經允許直接抓取我們的所有產品評價」，並稱之為「雞鳴狗盜」行徑。購物垂直搜索網站一淘很快挺身應戰，直接回應稱，「作為購物搜索，就是要讓互聯網透明，給消費者實惠」，這是京東與大淘寶系較量的第二季。自此，雙方的爭鬥就從沒停止過。在一些重要媒體的重要廣告位置上，京東和天貓總會同時出現。京東商城莫名其妙的把LOGO換成了「天狗」，跟天貓敲尾叫囂，「雙11」大促期間，雙方在促銷政策、物流配送等多方面施展渾身解數，讓業內感歎，「雙11」就是一場激烈的「貓狗大戰」。

台下一群看熱鬧的看客，台上的馬雲卻很無辜。他認為，所謂的電商大戰並不存在，「『雙11』並不是電商大戰，我們也不知道跟誰戰，也沒什麼戰的。」他認為，消滅競爭對手未必會贏，想打敗競爭對手的話，這個公司就變成職業殺手，這是毫無意義的。競爭對手可能在你走向成功和順利的過程當中增加一些麻煩，但這些麻煩不是企業發展的關鍵，企業發展的關鍵應該是怎麼幫助你的客戶成長起來。

對於外界議論紛紛的自主經營平台和開放式平台，哪一個更能代表電商未來這個問題，馬雲認為兩個不矛盾。「我們是幫助無數自主經營的賣家，要想打敗一個開放平台，那有點不靠譜。如果你是個開放的平台，你不應該去打敗自主平台，而是應該支持自主平台成功。」馬雲說。

淘寶與京東的競爭，年復一年愈演愈烈，消費者看得熱鬧，當事人卻一直很冷靜，最主要的是，這一來一往的爭論讓雙方都成為了最終的獲利者。二〇〇九年，天貓商城推出「雙11」促銷策略，當年銷售額為〇．五億元，經過三年的市場醞釀，到了二〇一一年，銷售額躍升到了三三．六億元。之後兩年，京東和天貓開始了「雙11」大促的爭奪戰，到了二〇一三年，「雙11」期間，天貓以三百五十億元的交易額成功收官，實現了十幾倍的大跨越，京東銷售額二十五億元，比二〇一二年翻了三翻。在雙方的爭奪中，「雙11」從一個普通的數字變成了購物狂歡節，整個市場被炒熱了，雙方都是其中的獲利者。

在競爭中，炒熱市場，共同獲利，馬雲告訴我們，這才是競爭的最高境界。

成長煩惱

淘寶與京東的爭鬥類似於美國可口可樂公司與百事可樂公司。兩者曾為了爭市場而展開了半個世紀的激烈競爭，在這個過程中，雙方都成了贏家，因為飲料大戰引起了全球消費者對可樂的關注，它時刻提醒著大家對飲用可樂的需求。

在過去，人們通常把市場比作蛋糕，如果多個對手都想在這塊蛋糕中分走一塊，那自己就會少得一塊，所以競爭的焦點是「掐死」對手。新的競爭方式則不然，它不再基於「少一個對手，自己就能多得一份」的原則，而是與對手共同去創造一塊更大的蛋糕而分之。競爭的焦點不再是搶蛋糕，而是如何做一塊更大的蛋糕。

競爭並非只有「消滅」對手，在有些情況下，接受對手的存在並善待競爭對手，同樣能夠促進自身的發展。同樣道理適用於職場。部門之間、職位之間、上下級間的競爭。如果以消滅對方為目的只會破壞整個團隊的和諧，與對手在競爭中共同發展，才能為組織創造最大的價值，組織中的每個人也才會成為最大的獲利者。

智慧點撥

現在的競爭形勢下，競爭雙方不再是「刀刀見血」，而是一方在蛋糕的分配上相對多一些，但另一方的絕對利益並不因此而減少。因此，競爭的目的並不是消滅對手，而是與對手共同成長。

Attitude

44

讓對手跟自己交朋友

「朋友、客戶甚至競爭對手是你最好的公關，一個好的鬥士必須尊重他的對手。」

馬雲經歷

一直以來，馬雲樹敵不斷，先是阿里巴巴由一個電子商務仲介商，成了天下百貨商場共同的敵人；後來支付寶變成銀行業的敵人；再後來他又入侵物流業，搶食傳統快遞行業的乳酪，成為眾多物流商的敵人。之後，馬雲又放言正面挑戰商業地產，希望通過網購的力量把商業地產虛高的價格打下來。在二〇一二年初的CCTV經濟年度人物頒獎盛典上，馬雲和王建林就「十年後電商在中國零售市場份額能否過半」設下一億元賭局。馬雲宣稱：「如果王建林贏了，那麼是整個社會輸了，是這一代年輕人輸了。」

不斷入侵，不斷搶別人的地盤，不斷樹敵，不斷招惹嫉恨，卻又屹立不倒，馬雲的祕訣在於：和對手保持亦敵亦友的關係。

二〇〇七年九月在杭州舉行的中國網商大會上，郭台銘和馬雲曾唇槍舌劍，他們提出的象蟻之爭讓人印象深刻。郭台銘堅持企業做大才是生存之道；馬雲卻認為「船小好調頭」才是網路時代的大勢所趨。馬雲說：「我的夢想是要把富士康這種巨無霸企業打得七零八落，讓大家都有飯吃。在網路時代，欠缺彈性的大象，肯定會輸給能合力搬走大象的小螞蟻。」但郭台銘對馬雲「小就是好」的看法不以為然，網路時代能讓大企業如虎添翼，影響深遠。兩個極端的人，第一次會面，確實大吵了一架，但隨後在多次合作中已經變成了可以談天說地的朋友。

馬雲是沈國軍的敵人，又是他的朋友。二〇一一年，淘寶網大玩「雙11」「雙12」促銷活動，一路所向披靡，銀泰百貨等傳統賣場的地盤被搶了七、八成，於是沈國軍對馬雲恨得牙根癢癢。但是兩年後，先是阿里聯合銀泰集團、復星集團、富春集團、順豐、申通、圓通、中通、韻達組建了一個新物流公司「菜鳥網路」。銀泰集團董事長沈國軍出任菜鳥網路CEO，馬雲出任董事長。接著，阿里巴巴集團宣布與銀泰達成戰略合作，探索線上線下（O2O）的融合。作為雙方合作第一步，銀泰商業集團將參與天貓「雙11」活動，以線下三十五個實體店相關資源支援天貓一年一度的促銷。

馬雲是eBay全球CEO約翰·多納霍斯的敵人，又是他的朋友。當年，淘寶和eBay打破頭的時候，在外人想來，約翰·多納霍斯恨不得一舉滅了馬雲和他的阿里集團。但事實上，約翰·多納霍斯說他們自始至終都是好朋友。原來，早在約翰·多納霍斯剛剛加入eBay的時候就已經認識了馬雲。馬雲主動走到了他的房間，毫不忌諱地和他進行各種深度交流，馬雲的坦誠、熱情以及激情讓約翰·多納霍斯折服，於是兩個人的友誼就這樣形成了。

成長煩惱

踏入職場後，同事之間存在著明顯的競爭關係，可大家每天低頭不見抬頭見，要不要交朋友呢？有人認為，同事之間沒有生活基礎、沒有文化基礎、沒有感情基礎，相互之間又是非你即我的敵對關係，不應該交朋友。有人認為，工作占去了自己人生大部分時間，不與同事交朋友會很孤獨，所以應該與同事交朋友。到底應該如何相處呢？

馬雲是一個人脈大師，他善於廣交朋友，其中就包括他的敵人。他會與敵人進行熱烈的爭論，並把這種爭論作為一筆財富，因為最瞭解自己的往往是敵人，在與他們的相處中，能更好地完善自我。

在工作中，我們不妨與同事交朋友，哪怕你們是同一個職位的候選人，只要你以真誠、包容、開放的心態對待別人，你一定能收穫對方的真誠和善良。在雙方互動的過程中，相信彼此都會有全新的增長。

智慧點撥

美國商界有句名言：「如果你不能戰勝對手，就加入到他們中間去。」與你的對手到底是做敵人還是做朋友，這取決於你的商業智慧和人生閱歷。邱吉爾有句名言：「世界上沒有永遠的朋友，只有永遠的利益。」從利益最大化的角度出發，我們與朋友應該「既做朋友，也做敵人」。而從競爭的角度出發，我們與對手應該「既做敵人，又做朋友」。

Attitude

45

競爭不是讓自己暴跳如雷

「要讓你的競爭對手惱火，要讓他們暴跳如雷，這就是你們應該掌握的技巧。而不是讓自己暴跳如雷，經商原本就是很有趣的事。如果我在與別人競爭時，被氣得發瘋，那就意味著，我犯錯了，我採用了錯誤的策略來應對競爭對手。」

馬雲經歷

二〇一四年春節期間，微信紅包悄然冒出頭來，在北上廣深這一線城市、ＩＴ圈兒，大佬和普通人都玩得不亦樂乎，搶紅包、發紅包成為一種社交。接著，業界爆出了「微信支付綁定量突破一億超過支付寶錢包」的消息，這意味著馬化騰幾乎一夜之間就秒殺了苦苦經營了十年的支付寶。

後來證明，這則新聞並不真實，可業內人士還是為馬雲捏了一把冷汗，馬雲在「來往」上說：「此次珍珠港偷襲計畫和執行完美。幸好春節很快過去，後面的日子還很長，但確實讓我們教訓深刻。」

紅包大戰只是冰山的一角，馬雲、馬化騰之間的競爭很是受人關注，這就是業內聞名的「阿Q」大戰。

「阿Q」大戰的起始是計程車軟體之戰。幾乎在同一時間，騰訊推出了滴滴打車，阿里巴巴推出了快的打車，兩者功能類似，並且都給用戶不小的返利，消費者完全可以同時使用滴滴、快的同時打車，並且不花錢或少花錢。雖然這場征戰的耗費不小，可雙方都絲毫不讓，因為他們都很清楚用戶基數的重要性，得用戶者得天下。

隨後，為了「反抗企鵝滅族、火燒南極大陸」，阿里巴巴推出了「來往」這個跟微信極其相似的移動社交網路，同時馬雲宣布只在「來往」上發言。緊接著，微信紅包的推出，讓「阿Q」大戰火速升級。

騰訊、阿里巴巴這兩大中國互聯網超級壟斷集團的巔峰之戰，讓外人看得心驚膽戰，馬雲卻很冷靜，談到「來往」和微信的競爭時，他表示，阿里巴巴和騰訊的這種積極競爭，對移動互聯網的繁榮有好處。「這個棋，我要看馬化騰下一步怎麼走，看他眉頭皺起來我很高興，競爭是一種樂趣。」馬雲說。

馬雲說過這樣一句話：「非洲的獅子吃羊不是因為恨羊，是因為吃了羊牠才能生存」。他所理解的競爭不是帶著仇恨的，在馬雲眼裡，真正做企業的沒有仇人，帶著仇恨的競爭則必然會失敗。因此，在哪怕再針鋒相對的競爭中，馬雲都能保持冷靜。

快的和滴滴的競爭愈演愈烈，補貼金額一路走高。儘管部分消費者和司機大發「戰爭財」，但老人和孩子等不會使用打車軟體的人，卻在這場市場大戰中成為受害者。有媒體報導，部分計程車司機開始出現挑客現象，明明是空車，卻不接受路邊的客人。瞭解到這一現狀後，馬雲在來往裡自我調侃，「兩個蠻漢打架，街上看熱鬧的人多，絕對不要認為別人在看比賽，別人是在看笑話。」他的言詞中有退出搶奪之意。雖然殺紅了眼，但涉及用戶的利益了，馬雲很快就恢復了理智：市場競爭的原則是要讓市場受惠、讓用戶受益。不怕燒錢，更不怕競爭，但最怕傷害用戶的利益，特別是老人和孩子的利益。

成長煩惱

「在競爭中，不要刻意去惹怒競爭者，但如果他們生氣了，而且坐立不安，如果他們開始用錢來應付問題，那麼這些就是信號，表示你要贏了。當競爭對手開始用錢來與你競爭時，也就表示他們要輸了。」馬雲認為，生氣與否是判斷競爭雙方成敗的標準，因此，在與騰訊殺紅眼的時候，他仍舊能保持清醒。

當對手的做法違背自己的意願的時候，很多人很自然的會產生怨恨、厭惡、生氣，甚至憤怒等情緒。馬雲警告年輕人，如果你暴跳如雷了，就說明你輸了。因為你喪失了理智，很可能會做出錯誤的決策，進而犯下更加嚴重的失誤。

智慧點撥

在日常工作生活中，當你的對手肆意挑釁想要激怒你的時候，如果你被激怒了，那你就失敗了，競爭中最有利的制勝之道就是無論什麼時候都要保持冷靜，以清醒的頭腦面對競爭者，這樣才能保證你不會衝動，也不會做出讓你後悔的事兒。

Attitude

46

寡不敵衆，示弱也是一種智慧

「在各個領域，我們都做過愚蠢的事情。其中包括用人、資本、管理以及進入某個領域時用什麼產品……也許八年、十年以後我們能寫一本書，說說阿里巴巴犯過的錯誤。提起當初的錯誤，大家都相視而笑，說『慚愧，慚愧』。」

馬雲經歷

也許是因為阿里巴巴集團發展過於順利，很多人都覺得馬雲打遍天下無敵手。事實上，馬雲也有很多認慫的時候。

首先，商戶一較真兒，馬雲必認輸。

商戰無處不在，但是卻不能因為要勝，就置客戶感受於不顧。對此，馬雲深有體會。很多人都知道淘寶免費起家，但是馬雲一直都有收費之心的。二〇〇六年五月十日，一直打著免費旗號的淘寶，終於要殺豬了：新的「招財進寶」計畫有點兒模仿百度的競價排名模式，企業只要交付一定的金額支付所售商品關鍵字的排名，就在買家搜索時優先顯示。馬雲提出這項服務的初衷是，讓有實力的企業在魚龍混雜的淘寶商城跳出來，但是收費之舉有悖「免費」口號，這讓客戶接受不了。為了順應民意，馬雲只好取消了這項計畫。

很多人不知道的是，淘寶盛名在外，網上交易額一直驚人，但是長期處於無法盈利的狀況。為了實現大盈利，二〇一一年十月十日，馬雲再次試水，再提收費計畫，這一次他要賣家支付保證金和技術服務費。但是和「招財進寶」計畫一樣，剛提出就遭到抵制。專家指出，收費是未來趨勢，馬雲如果堅持這麼做，最終也是會成功的。但是，馬雲同樣沒有堅持到底。因為他認為向商業合作夥伴低頭，不是一種輸，而是顯得更大度，更是尊重民意。

其外，馬雲在和對手競爭的時候，也很懂得識時務為俊傑的道理。

我們都是知道，馬雲其實有一種根深柢固的搜索情結。因為他是中國黃頁的發起人，也就是中國最早做搜索的，但是半路卻被李彥宏的百度搶了風光，所以就一直不死心。二〇一一年，馬雲攜帶自己的新作品——一淘網，向李彥宏提出了挑戰，馬雲揚言「就是要讓百度睡不著覺」。

馬雲的自信在於，對於網購來說，一淘比百度更專業。一淘網憑藉淘寶網豐富的商品基礎，放眼全網的導購資訊，旨在解決用戶購前和購後遇到的種種問題，能夠為用戶提供購買決策、更快找到物美價廉的商品。憑藉自己的專業性，未來幾年，電子商務網站會慢慢將廣告從百度撤出，而轉投到一淘網上。

一淘網確實讓百度頭疼，但是馬雲沒有料到的是，自己在打擊百度的時候，樹立一片敵人。因為一淘網也觸犯了騰訊拍拍、百度有啦、京東、當當、蘇寧易購等一大堆電商的利益。在大家的聯合抵制下，各電子商務網站紛紛遮罩了一淘網。

寡不敵眾，馬雲在淘寶新規發布會上主動示弱，強調自己「就是個凡人，從來就不是互聯網的英雄，儘管知道自己做的事情很難，但還是會堅持下去。」

成長煩惱

「為什麼我總是感覺競爭不過別人呢？」

競爭是殘酷的，因為它有贏就必然有輸。人在職場混，隨時都得和各種各樣的人競爭，但是我們不可能總贏。

事實上，比你更強的人是每時每刻都存在的。那些事事處處與人都有一較高低的人，看起來是個很上進的人，實際上很愚蠢。過分地鋒芒畢露，大而無當地咄咄逼人，讓周圍人備感壓力的同時，也提高了他們的警惕心。正能量把握不好，就是成為樹敵一片的負能量。

比起一決勝負，人生初體驗的重要一課，就是學會適時認輸。你得看到別人的長處，你得看到別人的實力，你得承認比你實力更強的大有人在。認識到這一點，你才懂得了什麼叫做謙虛。很多時候，認輸意味著贏了。對比自己弱的人低頭，換來的是謙卑的名聲；對比自己強勢的人低頭，認識到不足，然後彌補了不足，是一種快速成長。

此外，更重要的一點就是要認識到，任何時候都不要輕易犯眾怒。無論你實力多強，都不要一意孤行，和你的團隊、你的客戶對著幹，這樣做肯定沒有好果子吃；無論你多麼優秀，也不要指望打遍天下無敵手，要知道敵人們的聯手更可怕。

! 智慧點撥

面對壓力不低頭是有個性的人，而適當地選擇示弱、認輸、放棄的人則是聰明的人。示弱是一種智慧的表現，是一種理智的忍讓。示弱不是倒下，而是為了更好、更堅定地站立。其實，人生最大的幸運不是一帆風順，而是掌握了不停變通的生存智慧。做人處世如果適時示弱，有時也能成為贏家。

第6章

創業一點不可愛，五年以後還想創業你再創業。

關於畢業後創業的人生態度

Attitude

47

創業是個持久戰

「創業開始容易，繼續難。它是一個長征。在這個長征裡，只有你的心很堅定，眼界很開闊，才能把高興和不高興的事看輕；只有把錢看輕，才能賺到大錢；只有給別人帶來價值，才能賺到錢。」

馬雲經歷

馬雲當了六年多英語教師。在這期間，他利用課餘時間兼職外語翻譯的工作，當時自己業餘兼職的訂單特別多，實在忙不過來，又考慮到杭州這裡有許多外貿公司，而且這裡沒有一家專業的翻譯機構，鑑於這種情況，很有必要成立一家翻譯機構。馬雲一有了這樣的想法，就立刻行動。當時他的工資還不足一百元，沒有錢並不能阻止他前進，他找來幾個合夥人就開始創業，不久杭州第一家翻譯機構——海博翻譯社成立了。

翻譯社創業開始的時候，資金短缺，難以生存，第一個月的全部收入只有七百元，那時每個月的房租就高達兩千四百元。這時，許多好心人都來勸他別再折騰了，甚至連幾個合夥人都有放棄的念頭了。

不管誰說什麼，馬雲從來都沒想過放棄，為了翻譯社能夠生存下去，馬雲到義烏批發小商品，然後在翻譯社騰出一半的地方來賣禮品，就這樣翻譯社維持了三年，直到一九九五年才實現盈利。其實錢沒掙多少，但是他卻有了名氣。

小有名氣的馬雲有「杭州英語最棒」的稱號，後來因為翻譯的工作，他有了一個機會到美國。在美國西雅圖，他親眼看到互聯網的神奇，立刻意識到互聯網是一座金礦，在未來將會改變人們的生活。其實這個時候的馬雲對互聯網的技術一點都不懂。回國之後，馬雲決定創辦互聯網公司，他叫來二十四個朋友諮詢他們的意見，結果只有一個人同意可以試一試。但是馬雲曉得「時不我待，舍我其誰」，這次創業資金只有兩萬，租了房子當辦公室，使用家裡的家具做辦公用品，這時已經用了一萬多，到最後的時候，僅剩下三、四千元了，就是在這樣的情況下創辦了馬雲的第一家互聯網公司——海博網路，產品名稱就是「中國黃頁」。

在以後的日子裡，馬雲開始宣傳互聯網，推銷他的「中國黃頁」。馬雲見人就宣傳互聯網的神奇，人們說他是騙子，是瘋子。他找來當地的電視台朋友為他作證他不是瘋子，更不是騙子，確實有這樣的東西存在。因為網速太慢，打開一半網頁，就花費了三個半小時。憑藉他不屈的精神和很好的口才，就在一九九六年，馬雲的營業額出人意料地竟然做到了七百萬。

也就是在這一年，馬雲被迫離開杭州，參加了國家網上中國商品交易市場。在這個過程中，馬雲形成了B2B思路：用電子商務為中小企業服務。想法一出，他就和他夥伴回到杭州開始創業。這次回杭州創業每人的工資只有五百元，前十個月沒有休息日，沒有辦公室，沒有錢坐車只能步行。還有網站的啓動資金從什麼地方來，只有大家一起湊，十八個人只湊了五十萬。就是在這樣的條件下，他們沒日沒夜地幹，運用自己的智慧把阿里巴巴打入了海外市場。最後在馬雲的指揮下，阿里巴巴終於成功了，成了世界一流品牌。

? 成長煩惱

面對就業壓力，現在越來越多的年輕人畢業之後，選擇了創業，他們期望通過創業改變自己的人生。可現實總是殘酷的，一夜暴富的神話在現實中出現的機率少之又少，這使得很多年輕人創業都以失敗告終，並且自信心受到嚴重打擊，自此，不敢再提創業。

其實，創業是一個漫長而艱苦的過程，失敗是常有的事兒。馬雲三次創業，每次創業的過程都不順利，前兩次的結局也不是很樂觀，可經歷總會有收穫，他享受著這個過程，並在這個過程中，逐漸成熟起來。馬雲的經歷告訴我們，在失敗中，要不斷提高自己的實力，堅持下去，總有一天就會成功。年輕人在創業之初，一定要做好打持久戰的心理準備，不要妄圖一夜暴富或者一帆風順，要保持平常心，在失敗中磨煉自己，不斷摸索，不斷成長，總有一天會守得雲開見月明。

！智慧點撥

一半是海水，一半是火焰；一半是激情，一半是執著。創業就是這樣，在現實與夢想，在成功與挫敗中不斷盤旋前進。從字面上看，「創」左邊上面是一個人，下面是一把劍，右邊一口刀，創業其實就是在刀光劍影下求生存。年輕的創業者必須要做好承受這一切甚至享受這一切的心理準備。

Attitude

48

只有激情和創新是不夠的

「短暫的激情是不值錢的，只有持久的激情才是賺錢的。」

馬雲經歷

在很多人還不知道互聯網是什麼東西的時候，馬雲敏銳地捕捉到了互聯網行業的機會，在很長一段時間裡，他在多種場合，口沫亂飛、激情四射的宣講著只有自己能看到的美好未來。

「瘋子」是創業初期，馬雲留給很多人的印象。這個外號有兩層含義：一是，馬雲一直在宣講大家看不見摸不著的東西；二是，他對自己相信的東西堅信不疑，不論有多少阻撓、多大的質疑，都在堅持著去說、去做。「瘋子」馬雲最終創業成功了，那麼，我們是不是就可以相信，有了激情和創新，創業一定就能成功呢？答案是否定的，其實很多人只看到了馬雲的激情和創新，卻沒看到馬雲自信背後的力量是什麼。

一九九七年，馬雲應中國外經貿部下屬的中國國際電子商務的邀請，帶著他的團隊來到了北京，出任該中心資訊部總經理，憑藉著「中國黃頁」時代積累的豐富開發經驗，他們先後開發了外經貿部官方網站、網上中國商品交易市場、網上中國技術出口交易會、中國招商、網上廣交會和中國外經貿等一系列國家級網站。

這段經歷鍛煉了馬雲的「鼻子」：在眾多資訊中判斷趨勢走向。在這個過程中，馬雲逐漸認識到：中國已經慢慢發展成為重要的世界製造業中心，中國有一個龐大的中小企業群體擔負著為世界製造的任務，但它們在世界商業舞台上卻飽受「盤剝」之苦，由於規模、資金、管道等因素的限制，眾多中小企業根本無法投入大量精力和資金進行市場推廣，很難憑自身的力量打開管道，只能通過一些國外的貿易公司發展業務。

在之前做中國黃頁的過程中，馬雲做出「電子商務的市場存在巨大發展空間」的準確判斷。在北京的這段工作經歷，使馬雲的B2B思路逐步成熟：用電子商務為中小企業服務。馬雲認為，中國廣大的中小企業是最需要互聯網的，如果能夠通過互聯網為他們建起一個窗口，把他們的產品帶到世界的每一個角落，他們也能方便地在世界範圍內尋找客戶，這是非常有前景，也是非常有意義的。自此，馬雲的經營理念逐步成型，隨後，他放棄了自己在北京的事業，回到了杭州，和「十八羅漢」開始了阿里巴巴的創業之路。

當很多人認為馬雲瘋了的時候，只有馬雲自己很清晰，他的每一個決策都是經過深思熟慮的。馬雲第一次創業，創辦海博翻譯社，是因為他「當時在杭州是英語最好的人」，並且這個「最好」廣為人知。後來馬雲創辦中國黃頁，是因為他在美國親眼見到了互聯網的神奇。後來，馬雲創立阿里巴巴，也不是一時頭腦發熱，他熟悉電子商務，瞭解中小企業這個巨大的需求市場，經過慎重考慮後，馬雲知道這是他該做的事。馬雲絕對不是為了創業就把自己「置之死地」的野獸派創業者，相反的，他通過前期摸索，拜師學藝，借船出海，用最小的代價精心做好了創業前的準備。他的創業不是僅有激情和創新的蠻闖，而是有著耐心準備、精心醞釀的「謹慎前行」。

成長煩惱

激情和創新被很多人視為是創業的必備要素。泰戈爾說過，激情，是鼓滿船帆的風。風有時會把船帆吹斷；但沒有風，帆船就不能航行。激情是人們對事物的強烈興趣與熱衷的表現。有了激情，才有靈感的火花，才有鮮明的個性，才有人際關係中的強烈感染力，也才有解決問題的魅力和方法。而創新，代表著別人暫時無法模仿的機遇，它能讓我們搶占先機，做起事來事半功倍。年輕人腦子靈活，總是不乏創新和激情，可這些只是創業的基本要素。

馬雲的每一次創業，都不是憑一時激情而開始的，他的每一步都經過了深思熟慮，這使得他的每一步都走在抵達目標的道路上，從沒有偏離。

很多有抱負的年輕人都希望通過自己創業，獲得人生事業的成功，但是創業成功者畢竟是少數，每年新創辦企業中，至少有五十%在半年之內倒閉。創業有風險，年輕人還須謹慎而行，在抱有激情和創新之餘，還要做好市場調研，找好定位，明確方向，唯有如此，才不至於莽莽撞撞而迷失方向。

智慧點撥

年輕的創業者有足夠的激情和創新，可這是遠遠不夠的，前期準備得越充分，往往更容易接近成功。資源不足，會降低創業成功的概率，但要有完全充分的資源也是不可能的，在創業前，我們要盡可能地爭取足夠的資源。另外，除了要有足夠的資源準備外，創業者的心理準備、經營能力、操作經驗也很重要。心理上，創業者要做好持之以恆的準備。在經營能力方面，現在是一個靠能力賺錢的時代，當能力有了，創業機會自然很多。因此，經營能力的錘煉十分重要。創業者掌握了充分的操作經驗，才能有效規避風險。總之，創業者在創業前一定要認真思考、反覆評估、考慮成熟再行動。

Attitude

49

不要貪大求全，重要的是做精做透

「少做就是多做，創業不要貪多，做精做透很重要。做戰略最忌諱的是面面俱到，一定要記住重點突破，所有的資源在一點突破，才有可能贏。手頭上一定要有一樣產品是天塌下來都是掙錢的，因此不一定做大，要一定先做好。什麼都想自己幹，這個世界上你幹不完。要少開店、開好店，店不在於多，而在於精。」

馬雲經歷

馬雲有一個「抓兔子」理論：看見十隻兔子，到底抓哪隻？一些人一會兒抓這隻，一會兒又抓那隻，最終可能一隻都沒有抓住。因此一個人只能抓一隻兔子，抓多了，最後什麼也沒有。創業者的主要任務不是尋找機會而是對機會說ＮＯ，因為機會很多，只能抓住一個。只抓一隻「兔子」才能夠成功。

馬雲創建阿里巴巴的時候只有十八人，現在阿里的員工已經有上萬名了；起初阿里巴巴只是一間民間小作坊，現在已經成了全球企業間電子商務的第一品牌，是全球國際貿易領域最大的網上交易市場和商人社區。阿里巴巴始終如一堅持抓一隻「兔子」的原則，這隻兔子就是讓電子商務為中小企業服務。十幾年已經過去了，在同一時期成立的許多網路公司不是已經改變了自己的宗旨，就是已經改變性質，或者是已經關門大吉了，只有阿里巴巴還在茁壯地成長。

二〇〇一年，馬雲和孫正義談話時說：「一年前我講的是電子商務的夢想，到今天我的夢想還是這個，只是區別在於我又向夢想邁進了一步，但是我還會繼續向前走。」當時，互聯網進入了冬季，隨著市場的變化，軟銀公司的三十家互聯網公司改變了商業方向。孫正義聽了其他公司的報告之後，問馬雲阿里巴巴的經營方向是不是也要改變，馬雲很明確地說，我要堅持我的商業方向——繼續做電子商務。到了二〇〇三年，互聯網迎來春天，孫正義又一次召開所有投資公司的經營者會議，在這次會上，只有馬雲說的阿里巴巴的商業方向和前三年一樣，其他人都已經改變了商業方向。

許多企業為了賺取更多的利潤，市場流行什麼他們就做什麼。可是阿里巴巴不管潮流怎麼變和出現多少新概念、新機會，它一直堅持自己方向前進，把自己的商業做精做透。在二〇〇五年召開的中國經濟年度人物評選創新論壇大會上，馬雲明確表示——自己絕不會「跟風」，阿里巴巴也不會「跟風」。

阿里巴巴一九九五年以後什麼樣子他不敢說，敢說未來的三、五年阿里巴巴仍然會圍繞電子商務進行發展。阿里巴巴創業的成功告訴他們，他們永遠不能追求時尚，不能因為什麼時尚起來了就跟著做什麼。

二〇〇五年八月為了更好地發展電子商務，阿里巴巴完成了對雅虎中國的收購。這一件事引起了很多爭論，網路上眾說紛紜，有的人說是因為看到百度股票漲了，想在搜索領域分一杯羹。馬雲後來解釋說他不會因為百度股票上漲，就想做什麼，他本人不相信遊戲會改變生活，一直堅信電子商務會影響中國經濟，中國現在因為缺乏誠信體系和網路基礎建設，因此它才會有一個蛙跳式的發展。

阿里巴巴能有今天的成績，歸功於一直堅持做電子商務，沒有進入其他領域。不管別人怎麼說，馬雲堅持只做一件事兒，而且做得很透徹，就這樣他帶領阿里巴巴朝著自己的夢想一路狂奔，最後取得成功。

成長煩惱

大學畢業後，做什麼呢？考研究所、考公務員、找工作、自我創業？很多年輕人不太清楚，顯得非常迷茫，每個階段自己缺什麼，也不知道每個階段自己應該追求什麼。

他們一邊考研究所，一邊找工作，一邊考公務員，一邊又想著創業，什麼都想幹，結果，追求了一些我們不該去追求的，兜兜轉轉走了很多彎路。

馬雲堅持做電子商務，堅持為中小企業服務，他明確了自己的目標，不為外界誘惑所動，也不為惡劣形勢屈服，專注只做一件事，這使得他的成功道路更加明晰。馬雲的經歷告訴我們，聚焦與專注能讓我們在人生道路上少走彎路，更容易抵達目標，享受成功的碩果。

需要注意的是，在實現目標的道路上，會遇到種種不可預料的困難，專注者都會堅信自己的選擇，不管碰到多大的困難和風險，都要頑強地堅持下去，而不是輕易放棄。

智慧點撥

很多創業者容易犯這樣的錯誤：企業剛剛開始發展的時候，被勝利衝昏頭腦，大規模冒進，從而失去一步一步把企業做好做強的興趣，等到醒悟的時候，早已經晚了。只專注於一個項目，把這個項目做精、做細，最後會發現在不知不覺中已經成功了。年輕人做任何事情，都要有一股專注的精神方能成大器。

Attitude

50

準備好接受「最倒楣的事情」

「每次打擊，只要你扛過來了，就會變得更加堅強。我又想，通常期望越高，結果失望越大，所以我總是想明天肯定會倒楣，一定會有更倒楣的事情發生，那麼明天真的有打擊來了，我就不會害怕了。你除了重重地打擊我，又能怎樣？來吧，我都扛得住。抗打擊能力強了，真正的信心也就有了。」

馬雲經歷

回首過去，馬雲說：「阿里巴巴最大的財富不是我們取得了什麼成績，而是我們經歷了這麼多失敗，犯了這麼多錯誤，我說阿里巴巴一定要寫一本書，這裡是阿里巴巴曾經的錯誤。這些錯誤，你聽了會笑著說，那時候（我）也犯過。所以有一天如果有重要項目就不要派常勝將軍上去。要派失敗過的人上去。失敗過的人，會把握每一次機會。」

在一九九五年從大學辭職到一九九九年正式創建阿里巴巴之前的這五年裡，馬雲經歷了太多的艱辛、苦難、挫折和失敗。那些彈痕傷痕，按照馬雲的話說，「黃頁發生的許多事都可以寫成電影劇本。」

一九九六年，互聯網開始成為各大媒體的熱點，成為新經濟最有力的代表。馬雲的中國黃頁在一夜之間冒出來許多競爭對手，其中最強的當屬杭州電信。杭州電信背後有強大的社會資源和政府資源，光註冊資本就三億多，相比之下，馬雲的中國黃頁註冊資本僅兩萬，教師出身的他，有的只是一群屌絲朋友。就實力來說，兩者相差懸殊。在這個節骨眼兒上，杭州電信還利用馬雲中國黃頁（chinapages.com）已有的名聲，做了一個名字很近的網站chinesepage.com，也叫「中國黃頁」，這個網站上線後，很多認不清楚的客戶理所當然地認為有政府背景的chinesepage.com才是正規軍，而馬雲的chinapages.com只能算是打游擊的，在信任度上，他們更傾向於杭州電信。

「一山不容二虎」，杭州的市場就那麼大，杭州電信的介入讓馬雲的日子一天比一天難過，為了使中國黃頁繼續活下去，馬雲無奈地做出決定——同杭州電信合作。一九九六年三月，中國黃頁與杭州黃頁合併，中國黃頁將資產折合成六十萬元人民幣，占三十%的股份；杭州電信投入資金一百四十萬元人民幣，占七十%的股份。

合併之後，馬雲就傍上了一個大靠山，抗擊風險的能力大大增強，可馬雲很快就發現，靠山並不可靠，他開始為自己的決定後悔不已。杭州電信的觀點，中國黃頁是一個賺錢的項目，他們希望馬上就能賺大錢；而馬雲則認為，做互聯網公司猶如養孩子，不可能讓三歲小孩去掙錢！因為理念上的不同，雙方爭來爭去，分歧越來越大，最主要的是占股七十%的杭州電信有絕對的決策權，馬雲只能乾著急、乾瞪眼。「董事會他們占五票，我們兩票，隨後的企業決策沒有一件通過。最後螞蟻還是被大象搞死了。」

事事不如意，馬雲不得不和杭州電信分道揚鑣，他決定辭職。當時，跟著他打江山的一幫哥們也想跟著他一起辭職，被馬雲勸阻了，他不想讓自己曾經的心血化為烏有。他自己孤身一人離開了重組後的杭州電信，同時，他把自己手裡的股份全部分給了曾經跟著自己一起創業的員工。

「風蕭蕭兮易水寒，壯士一去兮不復還。」馬雲遭遇了人生中第一次創業的重大挫折，但他從不因失敗而掉淚，而是從失敗中吸取教訓。馬雲總結說，「我建議大家以後創業，不要受控於資本意志。要學會傾聽投資者，尊重投資者，但是最後做決策的時候一定要自己拍板。」

一九九九年，馬雲創辦阿里巴巴，在創辦大會上，他向創業團隊提出要求，「你們每個人留一點兒吃飯的錢，將剩下的錢全部拿出來。啓動資金必須是pocket money（閒錢），不許向家人朋友借錢，因為失敗的可能性極大。我們必須準備好接受『最倒楣的事情』。」這個時候的他承受過了各種失敗和挫折，已經能夠平淡地正視失敗，「所以我最欣賞兩句話，一句是邱吉爾先生對遭受重創的英國公眾講的話：『Never never never give up！』（永不放棄），另一句就是，『滿懷信心地上路，遠勝過到達目的地』。」他把每一次的創業都當成是迎戰失敗的旅程。

成長煩惱

「萬一失敗了怎麼辦？」很多年輕人因為這一念頭而放棄了努力。擔心失敗，是一種非常消極的想法，它能毒害心靈，當我們心存消極想法的時候，生理狀態、思考方式和心境就都跟著而變。

馬雲也曾遭遇失敗，這使得他再次創業的時候，一開始就做好了失敗的心理準備，可他從沒有把失敗當成「不作為」的藉口，他把失敗當成吸取教訓、累積經驗的最佳途徑。因此，他能坦然應對失敗。馬雲告訴我們，成功的人不是從不失敗，他們也有勞而無功的時候，但他們認為那是學習經驗，借用這個經驗，再另起爐灶，得到新的結果。

馬克·吐溫說：「年輕而悲觀，是最悲哀的事。」當人心存失敗的想法，無異於保證將一輩子庸碌。可是有偉大成就的人，卻不把失敗放在心上，他們不允許任何有害身心的消極思想存在。

智慧點撥

在創業的道路上，沒有失敗經歷的人是極少的。關鍵看你怎樣面對失敗。聰明的人在哪裡跌倒就從哪裡爬起，通過不斷地吸取教訓和總結經驗，最後到達了成功的彼岸。而懦弱的人遇到一次失敗後，就從此再也爬不起來。失敗乃成功之母，創業失敗雖然暫時會令人沮喪，但是你獲得了經驗教訓，不會再犯同樣的錯誤，這無疑成了你未來成功的鋪路石。因此，我們要感謝失敗，我們要正確地看待失敗。

Attitude

51

沒錢也能創出大事業

「很多人失敗的原因不是錢太少，而是錢太多。」

馬雲經歷

一九九九年，在西湖區文一西路湖畔花園的一所普通住宅裡，包括馬雲及其夫人在內的十八個創業夥伴夜以繼日地忙碌著。雖然忙碌，但大家內心都很快樂，只不過，這快樂背後又有幾絲苦澀。

阿里巴巴創業開始，本錢只有五十萬元，還是十八個人東拼西湊湊起來的。而當年，國外風險投資商瘋狂給中國網路公司砸錢，網路公司也瘋狂地燒錢。五十萬元只不過是大型門戶網站一筆小小的廣告費而已。

剛開始馬雲制定了「六個月內不主動對

外宣傳，一心一意把網站做好」的策略，並且每個人工資只有五百元，公司就安在他的家裡，雖說閉門造車的狀態會少花點錢，可每天不可避免的運營成本還是讓創業團隊很吃力。大家湊的五十萬，沒過幾個月，就一分不剩了。

沒有辦法，創業團隊就精打細算地過日子，一分錢恨不得掰成兩半來花。員工外出辦事，發揚「出門基本靠走」的精神，很少打車。據說有一次，大夥兒出去買東西，東西很多，實在沒辦法了，只好打計程車。大家在馬路上向計程車招手，來了一輛桑塔納，他們就沒話找話，跟計程車司機閒聊了幾句，然後打發人家走了，一直等到來了一輛夏利才坐上去，原因就是夏利每公里的費用比桑塔納便宜兩元。

就是在這樣的境況下，馬雲陸續接待了三十八個投資商，可這些投資商要麼太過短視或功利，要麼要直接干預經營，雖然吃飯馬上要成為問題了，可馬雲還是很堅定地拒絕了這些投資商，他覺得寧願餓死，也不能不為公司的未來考慮。

神奇的是，雖然日子過得緊緊巴巴，工資只能開出五百元，福利待遇連最低端的農民工都不及，阿里巴巴卻吸引了鳳凰來。阿里巴巴上線後，在華爾街混跡多年的瑞典銀瑞達集團（Investor AB）副總裁蔡崇信瞭解了阿里巴巴後，對它產生了濃厚的興趣，他從香港來到杭州，見到了馬雲，兩人深談了四天後，蔡崇信做出了一個瘋狂的決定，他放棄了七十萬美元年薪和國際投資公司的穩定工作，拿著五百元的月薪加盟阿里巴巴。

蔡崇信做出這個決定的原因有以下幾點，一是為馬雲的人格魅力折服，二是，他非常認可馬雲帶領的整個創業團隊，三是，他看好阿里巴巴的B2B模式及前景。蔡崇信的加盟，讓阿里巴巴如虎添翼，更重要的是，因為他過去國際投資機構工作的背景增加了阿里巴巴吸引國際投資的說服力。

一九九九年十月二十九日，由高盛公司牽頭，新加坡亞匯基金管理有限公司（Transact Capital）、瑞典銀瑞達集團、新加坡科技發展基金（Technology Development Fund of Singapore）聯合向阿里巴巴投資五百萬美元。阿里巴巴終於從饑荒中熬了出來，從此進入了良性的發展階段。

值得一提的是，十幾年以後，一些在阿里巴巴身居高位的創始人仍保留著當年的節儉習慣，比如，坐飛機，坐經濟艙；打車，盡量選便宜的，等等。他們的理念是公司成本控制得越好，給客戶提供的價值就越大。因此，無論有錢沒錢，在可以節省的時候都要盡量節省。

成長煩惱

不少渴望創業的人說，自己有好的思路，有好的技術，只是因為資金不夠，才沒有去創業。馬雲的經歷告訴，沒錢不能創業只是不敢創業的藉口。

創業之初，錢不是必要條件。只要學會科學用錢，把錢用在關鍵地方，或者通過借錢渡過資金饑渴期，不需要太多的錢，同樣可以創業成功。

有管理學者曾講過這麼一句話：「創業，其實人人都會成功。只是有些人被陳腐觀念所束縛，也就失去獲取成功的最佳時機，未能成為幸運的寵兒。」很多時候，沒錢只是一種自我設限，解放思想，沒錢也能創出大事業。

智慧點撥

在我們成長的過程中，負面的經驗就像大鐵鍊一樣，把我們束縛著，它讓我們覺得很多事情「不可能」。掙脫桎梏，努力向前，衝破自我設限後，我們會發現一切「不可能」都可以變成「可能」。世界上最偉大的力量就藏在你的心中，擺脫自我設限，你可以做成任何事情。

Attitude

52

創業不僅要想，更要做

「這個世界不缺夢想者，關鍵是要把夢想持之以恆地做下去，要有一群人一起做這個夢想。阿里巴巴能有今天，就是我們持之以恆地堅持了十年。」

馬雲經歷

「其實最大的決心並不是我對互聯網有很大的信心，而是我覺得做一件事，經歷就是成功，你去闖一闖，不行你還可以調頭，但是如果你不做，就像你晚上想走千條路，早上起來走原路，一樣的道理」。提起阿里巴巴的成功，馬雲讚賞的是自己的行動力而不是眼光。創業之初，阿里巴巴就是在他「經歷就是成功」的理念下做出來的。

一九九八年底，馬雲在一家美國餐廳吃

飯，這個時候，他頭腦中關於電子商務網站的模式已經成型，這個網站起一個什麼名字呢？這個問題他想了很久，林林總總地列了將近一百多個名字，可一直沒有滿意。他反覆琢磨著，突然腦中靈光一閃，阿里巴巴四個字跳了出來。他隨即問餐廳侍者：「你知不知道阿里巴巴？」侍者不假思索地答道：「芝麻開門！」馬雲跑到街上，拉住了幾個人，問他們同樣的問題：「你知不知道阿里巴巴？」他問的人有老、有小、有男、有女，大家的回答驚人的一致：「芝麻開門」。馬雲樂了：「從我外婆到我兒子，他們都知道阿里巴巴、芝麻開門的故事，阿里巴巴在世界上幾乎所有語言中的發音都是『a—li—ba—ba』，也就是說全世界的商人都可以沒有困難地接受這個名字。阿里巴巴是最合適的名字了。」阿里巴巴這個域名就這樣誕生了。

從起名這件小事，我們就可以看出，馬雲是一個執行能力很強的人，他的這種執行能力體現在了阿里巴巴創立之初的方方面面上。

一九九九年至二〇〇〇年，馬雲不斷實施著一個戰略行動：把B2B模式告訴世界。他成了「空中飛人」，不停地往返於世界的每一個角落，他如同一台不知停歇的演講機器，在幾乎參加了全球各地尤其是經濟發達國家的所有商業論壇，去發表瘋狂的演講，用他那張天才的嘴宣傳他全球首創的B2B思想，宣傳阿里巴巴。馬雲在忙碌，他的創業夥伴也沒有停歇，一段時間裡，他們日夜不停地設計網頁，討論創意和構思，平均每天工作十六到十八個小時，週末及節假日都從不休息。

在遊長城時，因為城牆上的「某某到此一遊」，馬雲得到了靈感，阿里巴巴的網站要以ＢＢＳ的形式實現，「只要能發布供求資訊，能按行業分類就行。」可他的這一想法很讓那些自視甚高的技術人員不屑，他們拍著桌子和馬雲吵，馬雲拍自己腦袋，還是認為自己對，「阿里巴巴用戶是不怎麼會上網的商人，一定要簡單。」後來，馬雲在外地發電子郵件要求手下立即完成ＢＢＳ設計，手下還是不同意。馬雲怒了，抓起長途電話，尖叫：「你們立刻、現在、馬上去做！立刻！現在！馬上！」

創業團隊的人都很清楚馬雲是怎樣一個領導：有意見，你可以提；有想法，你可以說；你甚至可以和他吵，可以和他打一架。但是，這裡存在一個前提——在馬雲還沒拍板之前。一旦馬雲決定了的事情，就必須「立刻、現在、馬上去做」。正是他這種「立刻、現在、馬上去做」的執行理念，使得阿里巴巴模式在沒有參考，不很清晰的情況下逐步落實出來，執行出來。

成長煩惱

馬雲認為，「經歷就是成功」。因此，在想法還不成熟的時候就行動了起來，他想到任何事，都會「立刻、現在、馬上去做」，這使得他的成功之路慢慢鋪展開來了。

大多數人，在開始時都擁有很遠大的夢想，因缺乏立即行動的思路，夢想於是開始萎縮，種種消極與不可能的思想衍生，甚至於就此不敢再存任何夢想，過著隨遇而安、樂天知命的平庸生活。有一個幽默大師曾說：「每天最大的困難是離開溫暖的被窩走到冰冷的房間。」他說的不錯。當你躺在床上認為起床是件不愉快的事時，它就真的變成一件困難的事了。

「現在」這個詞對成功的妙用無窮，而用「明天」「下禮拜」「以後」「將來某個時候」或「有一天」，往往就是「永遠做不到」的同義詞。有很多好計畫沒有實現，只是因為應該說「我現在就去做，馬上開始」的時候，卻說「我將來有一天會開始去做」。

智慧點撥

很多人說：「成功開始於想法。」但是光想不做，是不可能成功的。很多時候，很多事情不是我們沒有想到，而是沒有立刻付諸行動而已。於是，在時間的流逝下，漸漸就將它遺忘了，等到想起來的時候，不是機會已經不復存在就是已經失去了以往做事的激情。成功就好比一把梯子，那些把雙手插在口袋裡的人，是永遠爬不上成功的階梯的。想到做到並非難事，它只需有一點果斷和信心。也許你會感覺是你的衝動才讓你做這件事，也許你會遭遇一些困難或外界的干擾，但只要你堅持地做下去，你就能成為最後的贏家。

Attitude

53

做自己該做的，而不是最賺錢的

「我見過世界上許多成功的企業家，發現在那些成功企業家的辦公室裡，辦公桌前總是掛著自己最喜歡的人的照片，椅子後也都是掛著企業團隊和個人朋友等支持、幫助過自己的人的照片。這些企業家的成功，是因為他們面帶微笑，天天開心，因為他們擁有企業成長最穩固的靠山；相反，那些失敗的企業，整個屋子裡都充滿銅臭味。當一個企業領導人滿腦子都是美元、人民幣的時候，他說話時肯定滿嘴是錢，那他的企業就不會走得遠。」

馬雲經歷

判斷成功的標準是什麼？很多人認為應該是能不能賺到錢，馬雲則持著截然不同的觀點。

很多人不知道，在阿里巴巴創業的頭三年，即一九九九年、二〇〇〇年、二〇〇一年，阿里巴巴幾乎沒有一分錢收入，「鼓勵我們堅持下去的是我每天收到大量客戶的感謝信，這些信件支持我們走到了現在。」馬雲說。

淘寶成立伊始，就宣布三年全免費。當時有分析人士認為，馬雲此舉是專門針對易趣的收費模式。可三年後，易趣跟淘寶已經不在一個平台上了，馬雲又宣布淘寶繼續免費三年，三年的日期到了，淘寶又宣布繼續沿用免費政策。很多人對淘寶的做法不理解，對於淘寶的掙錢模式，外界也是眾說紛紜，馬雲沒有多做解釋，而是給淘寶管理層下達了一個盈利紅線。一旦盈利超過一定額度，淘寶高管將面臨處罰。相反，淘寶網有沒有盈利，董事會不會過多關注。

在這種政策下，我們可以看到淘寶的頁面相比競爭對手要乾淨得多。淘寶有意控制廣告位的銷售。廣告主往往要排隊兩個多月，才能拿到一小塊廣告位。淘寶擁有龐大的資料庫，本可以將資料服務當做盈利利器，但淘寶一直放棄變現。多家物流公司主動提出每年交給淘寶服務費，但淘寶將這些錢用來全部返還給了使用者。有不少淘寶的賣家甚至要求淘寶收一定比例的手續費，他們想通過設置門檻淘汰一批競爭對手，把自己的生意做得更大，可淘寶直接拒絕了。馬雲說，「淘寶建立之初並不是以賺錢為目的，以後也不是，但是在實現幫助更多中小企業後，自然就會賺錢了，賺錢只是一個結果。」在他的觀念裡，淘寶想得更多的應該是帶給使用者最好的電子商務體驗，把這個關鍵環節做好了，不用考慮賺錢，錢就會自己流過來。

做自己該做的，而不是最賺錢的。阿里巴巴是這樣做的，淘寶是這樣做的，馬雲之所以推出阿里媽媽，也是基於這樣一種理念。

二〇〇七年，阿里媽媽正式上線，被稱為全球首個web2.0式的廣告交易模式。首次引入「廣告即商品」的概念，允許買家和賣家能夠明瞭簡單地完成廣告投放和銷售過程。談到創辦阿里媽媽的初衷，馬雲稱，「淘寶網剛辦起來的時候，我們和eBay競爭，他們比我們有錢，封殺了我們所有做廣告的權利，我們就找到了很多小網站，他們全力支持淘寶網。」馬雲表示不能忘記曾經支援幫助過淘寶的那些貴人們。除此之外，馬雲又重申了一下自己一直以來堅持的觀點：「基於互聯網需要更加豐富的網站，三年內不考慮盈利問題。」

成長煩惱

馬雲的經歷告訴我們，創業失敗的原因很多，最主要的一條就是沒有高瞻遠矚的經營觀念。一個公司的領導人眼睛只盯著「賺錢」，很可能因為短期的目標，而把整個企業置於危險的境地。高瞻遠矚的創業者會盡力在理想主義和獲利能力之間追求平衡，並且絕不會為了眼前的一點小利小義而動搖整個企業的目標。

職場新人最常犯的錯誤就是不能正確地對待金錢，在面對幾個就業機會做選擇時，他們會選擇薪水最高的，而不會考慮自己適合不適合；當看到同事中有人比自己工資高時，他們的心理會很不平衡，而不會考慮自己是否付出得夠多；工作一兩年後，有提高薪資的機會時，他們會毫不猶豫地跳槽，而不會考慮新的工作是否有更好的發展機會。殊不知，這樣盲目地追求金錢，往往吃虧的是自己。很多時候，我們應該冷靜選擇，不應該受金錢的迷惑，因為眼前的金錢很可能是犧牲了未來的前途換來的。

智慧點撥

金錢不等於萬能，它買得到有形的東西，卻買不到更高的無形價值，比如自我的實現、家庭的和諧、理想的達成。我們不能以金錢的多寡作為判斷成功的標準。金錢是對我們的一種認可，而不是枷鎖，這就需要我們正確對待金錢。

Attitude

54

可以得意不可忘形，時刻保持冷靜的心

「當你覺得你成功的時候，就是你走向失敗的開始。」

馬雲經歷

一九九九年十月，在蔡崇信的斡旋下，以高盛為主的公司投入五百萬美元到阿里巴巴，這是阿里巴巴得到的第一筆風險投資，到了第二年十月，以軟銀為主的幾家投資公司又投入兩千五百萬美元到阿里巴巴。大把大把美金的投入，迅速啓動了阿里巴巴，到一九九九年年底，阿里巴巴的會員數就一躍突破了十萬，到二〇〇〇年底，這個數字增長了六五五％，阿里巴巴呈現出爆發性增長的態勢。

巨額資金再加上市場的迅速擴展，再加

上媒體的推波助瀾，阿里巴巴上下都發起了「高燒」，進入了瘋狂的國際化征程。在孫正義的投資到位之後，阿里巴巴很快在美國矽谷開了一家分公司。國際化的網站就應當要到美國去做，這樣吸引人才也方便，而且很有面子，阿里巴巴上下都覺得美國分公司開得合情合理。緊接著，阿里巴巴還迅速在香港、倫敦等城市擴張地盤，也在北京建起了辦事處，為了國際化得更徹底一些，阿里巴巴甚至乾脆把總部從杭州搬到了香港，馬雲樂顛顛地跑到香港去上班，也就是在這個時候，他結識了金庸。在當年他生日的時候，還邀請他來到杭州，舉辦了第一屆在互聯網行業頗具影響力的「西湖論劍」。

國際化的「美夢」沒有持續太久，馬雲猛然意識到，阿里巴巴像「過山車」一樣接近失控了。每天上班，他會聽到各種各樣的雜亂的聲音。比如，美國分公司要求發展電子商務解決方案，並為大企業解決交易問題；香港公司則呼籲請馬雲以華爾街較為看重的「中華網」為榜樣，儘管那家網站並沒賺到幾個錢。一番思索後，馬雲決定果斷收手。

馬雲開始著手進行戰略收縮、裁員並關閉海外事業部。阿里巴巴每個事業部都網羅了不少業內精英，在入職的時候，大家都被馬雲賦予了「跟微軟、雅虎、eBay競爭」的使命。現在，這些人才都要因為公司的原因被裁掉了，馬雲的內心非常痛苦，他覺得自己「一下子成了一個說話不算數的中國人」。這段時間，他曾經不止一次地自我懷疑：「我是不是不好的人？」

美國事業部關閉了，曾經紅紅火火的香港辦事處，裁得只剩了八個人，然後關閉了韓國辦事處。在國內，同樣的動作也在進行：昆明辦事處被關閉；規模盛大的上海辦事處也被縮減到十人左右；北京辦事處則從豪華的大飯店遷至辦公大樓內。

不破難立，歷經一番傷筋動骨的折騰之後，阿里巴巴重新回歸B2B的主業，回到根本，回到中國。用馬雲的話說就是，「在別人最冷的時候，我們把門關起來，去把我們的產品做好，等春天來的時候，我們就會有所收穫。」

在被成功沖暈了頭腦的時候，馬雲及時清醒了過來，他力挽狂瀾，讓阿里巴巴重新步入了正軌。

成長煩惱

巨額資金的注入使得阿里巴巴進入了飛速擴張的階段，意識到擴張背後的問題正在消耗阿里巴巴的生命力的時候，馬雲及時清醒了過來，並毫不猶豫地舉起了修正錯誤的屠刀。馬雲的做法讓我們深思。

創業的道路，埋伏了許許多多難以預料或不能預料的地雷。即使再偉大的企業家，也保證不了他所經營的企業的明天是怎麼樣的命運。我們在輸的時候，應正確分析原因，找出失敗根源，耐心圖謀東山再起。在贏的時候，更要注意總結成功的經驗，再接再厲，而不要得意忘形。創業路上，成功後不要得意忘形，更不能迷失自己。

在日常工作生活中，我們也要切記不能得意忘形，只有時刻保持清醒，才不會被瞬息萬變的社會浪潮吞沒。

智慧點撥

得意時，適當放縱能夠調動人的潛能，增強人們戰勝困難、迎接挑戰的勇氣。不過，我們可以得意，卻不可到了忘形的境地。忘形意味著失去自我，也就喪失了做人做事的底線。得意時，我們不妨享受片刻的精神釋放，然後，要及時清醒，把得意的喜悅深藏心底，向下一個巔峰出發。

Attitude

55

花別人的錢要比花自己的錢更小心

「公共企業一定要『扛得住誘惑，守得住底線』，在花投資者的錢時要比花自己的錢更小心。」

馬雲經歷

剛剛創業的時候，阿里巴巴所有管理者都是很節儉的，出門靠走，說話靠吼，實在需要坐計程車的時候，也只挑最便宜的夏利，能省則省。後來，阿里巴巴有了高盛、軟銀等機構的大筆投資資金，馬雲和他帶領的阿里巴巴依然像往常一樣節儉。馬雲認為，投資者給你錢的時候，也要記住有一天你一定要還他更多，這是做人的品質。所以，花投資者的錢得非常小心，要對投資者負責任。

在日常管理中，阿里巴巴是以「小氣」

而聞名的。阿里巴巴辦公室門口的影印機上有一個儲蓄罐，影印機旁邊貼著一張「公司影印機使用詳細規定和說明」的公告，公告中明確指出個人因私影印每張五分；影印公司內部文件要雙面使用；影印數量多於一百五十份的要交由前台處理。

馬雲把二〇〇八年稱為是老鼠年，光挖洞不投資。「因為我們知道冬天來了。股東的錢存在銀行裡，沒有做任何投資，所以金融風暴沒有造成任何損失。當時的十七億美元，其中四億美元留在了上市公司，屬於上市公司發行新股募集資金。十三億美元屬於阿里巴巴集團出售老股，由集團用來投資阿里巴巴上市公司的兄弟公司，包括淘寶、支付寶。」從中可以看出，馬雲花錢時的謹慎。

其實，早在二〇〇七年上市前的融資說明會時，阿里巴巴就確定了上市融資後的三大投資策略：

一、用於提高用戶價值新技術；

二、擁有其他客戶資源的新平台；

三、能與目前阿里巴巴B2B產生協同效應的電子商務應用，為現有使用者提供更多的電子商務應用。阿里巴巴的投資策略堅持著以「客戶為第一」的原則，這是因為客戶是營收的最根本來源，把錢花在客戶身上是真正花在了刀刃上。

馬雲很為阿里巴巴的「小氣」而驕傲，他把這種小氣看成是阿里巴巴在競爭激烈的市場環境下生存下來的基礎。馬雲認為：「阿里巴巴走到今天有一個重要因素就是我們沒有錢，很多人失敗就是因為太有錢了。以前我們沒錢時，每花一分錢我們都認認真真考慮，現在我們有錢了還是像沒錢時一樣花錢，因為我們今天花的錢仍是風險投資商的錢，我們必須為他們負責任，我知道花別人的錢要比花自己的錢更加痛苦，所以我們要一點一滴地把事情做好，這是最重要的。」他還一再強調：「阿里巴巴永遠堅持一個原則：我們花的是投資人的錢，所以要特別小心。」

成長煩惱

著名經濟學家于光遠說：人有三種，一是天才，二是人才，三是蠢材。花大錢辦小事是蠢材，花小錢辦大事是人才，不花錢辦大事是天才。像馬雲一樣，很多成功的民營企業家，尤其是江浙一帶的企業家都是在「零」資本和「負」資本中發展起來的，他們少花錢多辦事，不花錢也辦事，花別人的錢辦自己的事，實現了從貧窮到富裕的兩極跨越，創造了無中生有的創富神話。

很多年輕人平時花錢大手大腳，步入社會後，仍舊不注意，尤其是對公司的公眾資源，肆意浪費、不懂珍惜，這種做法在職場中是極其不受歡迎的。馬雲告訴我們，花別人的錢要比花自己的錢更要小心，只有把錢用到刀刃上，讓錢發揮最大的價值，讓錢生錢，這才是對待金錢的正確態度。

!

智慧點撥

「積少成多，積小致鉅。」小錢一點一滴地積累起來，就會由少變成多。因此，我們不能浪費一分錢，也不能亂用錢。不能仗著錢很多，是別人的，就亂花，我們應該制定一個合理的規則，該花錢的時候再花，錢要花在合適的地方，而不是想花就花。只有這樣，我們手裡的錢財才會永不斷絕。

第7章

拒絕「晚上想走千條路，早上起來走原路。」

關於機遇把握的人生態度

Attitude

56

社會充滿機會，找不到機遇是你的錯

「人看機遇的四個階段：第一階段：看不見；第二階段：看不起；第三階段：看不懂；第四階段：來不及。」

馬雲經歷

談到阿里巴巴的成功時，馬雲有一個「時代決定論」。「這是互聯網改變世界和中國商業的大勢所趨，沒有我，也會有別人去做類似的事。」但為什麼偏偏是馬雲做起了阿里巴巴，是他比較幸運嗎？馬雲認為，他的成功源於他抓住了一、二或三個機遇。

馬雲推出阿里巴巴時，互聯網剛剛興起，馬雲前瞻性地看到了互聯網行業的機遇，抓住了，並取得了成功。可這種新興的市場機遇並不是天天都存在的，我們日常遭遇的更多是日益飽和的市場，在巨頭盤踞的市場中，有沒有機遇呢？在二〇一三年到首爾大學的演講中，馬雲指出：「在中國，有淘寶、百度和騰訊，我們已經沒有機會了？我想在韓國情況相同，每個人都會覺得，已經有這家公司了，我們該如何生存？十年前，我對比爾・蓋茨也有同樣想法。因為微軟，我沒有機會了；因為Google，我沒有機會了。不是，機遇無處不在。因為互聯網，因為雲計算，因為大資料，這個世界上每個人都有機會。」

在推出淘寶的時候，易趣雄霸中國市場，馬雲卻硬是從巨人手裡分一杯羹，最終後來居上，把淘寶做成了中國最大的C2C電子商務平台。緊接著，馬雲進一步地推出了天貓商城，進軍B2C領域，而當時B2C領域已經有卓越亞馬遜、京東商城、當當網等一些實力強大、影響力深遠的B2C平台，在這種形勢下，馬雲仍舊看到了機遇，它憑藉淘寶在C2C平台上的成功運作基礎和良好的品牌基礎，硬是在強敵林立的B2C領域占據了一席之地，並且帶動了中國的電子商務市場有一番新的高增長。

二〇一三年六月十九日，支付寶和天弘基金聯合發布了「餘額寶」，這個上線不到六天的產品，使用者數量已經突破了一百萬。「餘額寶」是互聯網和基金理財產品融合的產品，將基金公司的基金直銷系統內置到支付寶網站中，用戶在支付寶網站內將資金轉入餘額寶，即可購買天弘基金的增利寶貨幣基金，年收益率三％至四％。餘額寶推出後，馬上集聚了超高的人氣，很多人又一次發出感慨，為什麼好機會都被馬雲抓住了！

成長煩惱

機會在哪裡？太多的人尋尋覓覓，只為了尋找成功的機遇。然而，大多數時候卻是「眾裡尋他千百度，那人卻在燈火闌珊處」。機遇就在身邊，你只是還未練就火眼金睛。「機會是上帝的別名」，可見機遇對於成功的重要性，發現並把握機遇可以說是成功的一條捷徑。為什麼馬雲那麼幸運，恰巧在美國碰到了互聯網，然後跟互聯網結下了不解之緣？其實，上帝是公平的，他給每個人的機遇是平等的，關鍵是你有沒有善於發現的眼睛。

馬雲的經歷告訴我們：機遇之所以不是僥倖，不僅是因為它需要我們積極主動地去爭取，更為重要的是，機遇總是與理想、信念不離左右，發現機遇可以成為我們實現理想、堅定信念的催化劑。

智慧點撥

藝術家說：「世界不是缺乏美，而是缺少發現。」同樣，世界上絕不缺乏機遇，缺乏的是發現機遇的眼睛。市場經濟複雜多變，創業者若仍以常規思維對待，必然難以發現市場上的空當。正如一位經濟學家所說：「市場就在我們眼皮底下和日常生活中，如果不善於發現並及時地抓住，它就會悄悄溜走。」因此，創業者必須具備敏銳的眼光，善於觀察市場和分析市場。

Attitude

57

見到讓自己心動的機會，一定要毫不猶豫地抓住

「我發現今天我回過來想，我看見很多遊學的年輕人是晚上想走千條路，早上起來走原路。晚上出門之前說明天我將幹這個事，第二天早上仍舊走自己原來的路線。如果你不去採取行動，不給自己夢想一個實踐的機會，你永遠沒有機會。」

馬雲經歷

在美國首次接觸互聯網，如獲至寶的馬雲回到家後的第一件事就是四處召集朋友。他的思路很清晰，自己要做的事是通過互聯網把中國企業展示給全世界看，在這方面，做外貿的企業應該有迫切的需求，正好，之前馬雲在夜校教書時，他的學生中有很多從事外貿行業，並且，他們都跟馬雲的私人關

係處得很不錯。馬雲打了一圈電話，召集了二十四位朋友到自己的家中。

「我要辭職，幹Internet。」大家坐定後，馬雲開門見山地說，然後，他就開始手舞足蹈地講自己在美國的見聞，講Internet的作用，講互聯網的未來，馬雲講了整整兩個小時，雖然激情十足，可他講得糊塗，大家聽得更是不清不楚。

也難怪大家都沒聽懂。當時互聯網對於絕大部分中國人都是非常陌生的東西，即使在全球範圍內，互聯網也才剛剛起步。大洋彼岸，尼葛洛龐帝剛剛寫出了《數位化生存》一書，楊致遠創建雅虎還不到一年的時間。而在北京，中國科學院教授錢華林剛剛用一根光纖接通美國互聯網，收發了第一封電子郵件。在這樣的情形下，遠在尚未開通撥號上網業務的杭州，馬雲就已經夢想著要用互聯網來開公司、下海、盈利，對很多人來說，他的這種想法太虛幻了，太不切實際了。

二十四個朋友中有二十三個人都對馬雲提出了反對意見：「你好好的老師不當，折騰什麼啊。你想折騰，開酒吧，開飯店，辦個夜校，都行啊，為什麼要搞這看不見摸不著的東西。」有一個朋友實在不忍看馬雲受打擊，就說：「你要是真的想做的話，你試試看吧。」

沒有從朋友那裡得到支持，馬雲思前想後，還是覺得，自己的思路是正確的。第二天早上，他還是按照自己規劃的，雄赳赳氣昂昂地到了校長的辦公室，提出了辭職，然後回家把家裡的積蓄都清點了一下，留出吃飯的錢，拿出了六千多元，緊接著，打電話問親戚，借了一萬多，就這樣湊足了兩萬元。一九九五年四月，中國第一家互聯網商業公司杭州海博電腦服務有限公司成立，此時離中國電信通互聯網還有四個月。

成長煩惱

機遇是什麼？所謂機遇，就是一種有利的環境因素，它能讓有限的資源發揮出無窮的作用，藉此創造更有效的利益。機遇對於每個人都是平等的，但有些人善於發現，於是贏得了機會，有些人卻不屑一顧，也就錯過了機會。

有人曾做過這樣的比喻：抓機遇好比老鷹捕兔子，一不留神稍縱即逝。要捕捉到狡猾的兔子，老鷹必須做到穩、準、狠。機遇就好像是兔子，它是動態的，絕不是靜止的，絕對不會停在原地等待誰。老鷹在天上盤旋，只能說是「機」，老鷹捕捉到兔子那一剎那才是「遇」。

馬雲的經歷告訴我們：當把自己的夢想這個詞和機遇相連時，線的那一端不該只是虛幻和期冀，而應該是計畫和付出。不要輕易將你的夢想塵封，讓它和你一起慢慢變老變虛弱。無法預計未來，但可以抓住機遇創造未來。

智慧點撥

不給自己的夢想一個實踐的機遇，你就永遠沒有成功的機會。不給自己的夢想尋找機遇，那它就永遠只是存在於你頭腦中的空想。沒有機遇，是很多弱者最好的辯詞，不是沒有機遇，而是他們讓到手的機遇白白溜走了，或者向夢想和現實之間的差距妥協了。截然不同的是，強者會做好一切萬全的準備靜候機遇，等到機遇出現了，成功者會一躍而上，抓住機遇，這使得他們成為了最受機遇垂青的人。

Attitude

58

把握機遇掌握一個度，領先百步死，領先半步生

「我們不能乞求於靈感。靈感說來就來，就像段譽的六脈神劍一樣。」

馬雲經歷

一九九五年五月，中國黃頁上線。一開始，中國黃頁是這樣運作的：馬雲先向企業描述互聯網怎麼怎麼好，然後收集他們的資料，通過EMS寄到美國。美國的生意夥伴將homepage做好，列印出來，再通過快遞寄回杭州。馬雲將網頁的列印稿拿給企業看，並告訴他們全世界的人都能在Internet上看到。

此時，離中國能上Internet還有三個月，對於互聯網這個看不見摸不著的東西，大家的頭腦裡沒有絲毫概念。因此，馬雲的業務

推廣得極其艱難。這段時期，馬雲的角色與其說是總經理，不如說是個推銷員。「在大排檔裡，喝得微醺、手舞足蹈，跟一大幫人神侃瞎聊」，這是很長一段時間裡馬雲的寫照。雖然很多人把馬雲當成是到處推銷的「騙子」，但他還是一遍遍地「對牛彈琴」，向別人宣揚著自己的中國黃頁。

一開始，因為馬雲做出來的東西，無法實際地在網路中看到，有些朋友懷疑馬雲在編故事。馬雲就給人家說說：「我先給你把資訊登上去，你可以給法國的朋友打電話，給德國的朋友打電話，或者給美國的朋友打電話，電話費我出，如果他說沒有，你一分錢也不用給我；如果他說有，你要付我們一點點錢。」

一九九五年八月，臨近杭州的上海正式開通互聯網，馬雲很興奮，他召集了一屋子人到杭州望湖賓館，有記者、有朋友、有客戶，他現場給大家演示了一下中國黃頁，電話撥號到上海電信，連接成功，打開Mosaic瀏覽器，敲入網站位址，三個半小時之後，網頁下載完畢，雖然等待的時間很是漫長，但馬雲指著從美國西雅圖傳回來的圖片和簡介，很自豪，他證明了他沒騙大家，他證明了Internet的確存在……

很快，各企業都嘗到了互聯網的甜頭，大家紛紛忙著建立自己的主頁，馬雲的業務量激增，他再也不用費盡口舌、絞盡腦汁地向大家解釋自己是做什麼的了！到了一九九七年年底，中國黃頁的營業額做到了七百萬元，創造了一個不小的奇蹟。

馬雲在中國開通撥號上網前三個月創辦了中國黃頁，這個時機是非常好的，剛開始的時候，雖然人們並不認可，業務推動起來很艱難，可經過了幾個月的冷淡期，有人看到了中國黃頁的市場潛力，想圍過來分一杯羹，可他們已經被馬雲遠遠地甩在後頭，想追趕上，談何容易。

成長煩惱

一天，北大課間休息，教師們一起閒話譚鑫培的《秦瓊賣馬》，胡適插話道：「京劇太落伍，甩一根鞭子就算是馬，插兩杆旗子就算是車，應該用真馬真車才對！」聽完後大家都無人作聲。這時，著名學者黃侃立身而起，對他詰問道：「若唱《武松打虎》，該當如何？」一時間，眾人為之哄堂大笑。黃侃的詰問毫無疑問是對胡適「京劇創新」理論的據理力爭，舉重若輕的一句反問隨即令胡適啞口無言，教師們的哄笑也讓雙方觀點高下立判。

毫無疑問，沒有創新精神，一切事物將停滯不前。然而創新，不是違背事物客觀規律的冒進蠻幹，更不能憑空想像、自由發揮。只有正確理解創新的意義，尊重事物的發展規律，掌握好創新的尺度，因勢利導，創新精神才能夠在真正意義上為我們的生產工作帶來活力與生機。

智慧點撥

在企業界有一種說法，創新能力過於超前，或者說不能與時俱進，往往會遭到失敗，也就是說，領先百步死、領先半步生，這一理論同樣適用於機遇把握上。一個有市場前景的創新事物、創新模式是難能可貴的機遇，但是，如果這種領先過於超前，很可能因為市場長期不能接受，而拖垮整個組織，機會也就成了誤會。把握機遇，時機和尺度很重要。

Attitude

59

機會就在有人抱怨的地方

「當有人抱怨時，機遇也同時存在。尤其是在中國，每個人都在表達不滿。當每個人都在抱怨的時候，機會就出現了。處理不滿，解決存在的問題，如果你跟其他人一樣抱怨，你也沒什麼希望了。所以當我聽到別人埋怨時，我就會覺得很興奮，因為我看到了機會，會想我可以為這做些什麼。」

馬雲經歷

有中小企業抱怨，業務管道打不開，很受大企業的壓迫和盤剝，於是，馬雲就創立了阿里巴巴。聽到有很多人抱怨，工作難找，想自己開店，又沒有成本，於是，馬雲就創建了淘寶網。在阿里巴巴十週年股東大會時，馬雲提出了發展的三個主要目標：

「第一，我們希望為全世界一千萬家中小企業，創造一個生存、成長、發展的平台。第二，我們希望為全世界創造一億個就業機會。第三，我們希望為全世界十億人解決消費的問題。」在有人抱怨的地方，馬雲發現了機會，並且把這種機會轉變成了自己企業的經營目標，在這種目標的趨勢下，阿里巴巴的發展越來越順利。

二〇一三年，馬雲宣布退出阿里巴巴的實際運營，並轉身以「菜鳥網路」董事長的身分出現。他放出豪言：投資三千億元，建設中國智慧物流骨幹網（CSN），撬動幾十萬億中國已有的基礎設施，把全國高速公路、機場、碼頭充分利用，在未來五到八年內打造一張遍布全國的超大規模物流基礎設施網路，讓全國任何一個地區做到二十四小時送貨必達，有效支持年約十萬億（日均三百億）的網路零售額。這一次，連馬雲自己都說這個理想太大，沒有人幹過，他準備花十年來做。而外界更是對馬雲這一「宏偉壯志」表示懷疑，馬雲到底能不能幹成呢？

其實，一向行事謹慎的馬雲之所以選擇了「菜鳥網路」又是基於他的「抱怨理論」。二〇一二年，「雙11」促銷時，淘寶一天內運出了七千八百萬個包裹，這個過程中國物流的力量不足凸顯了出來。馬雲說，「無數人把自己全家老小發動起來送貨，才沒有搞癱中國物流。但是長此以往中國未來怎麼解決這個問題，因為現在中國每天有二千五百萬左右的包裹，十年後預計每年兩億包，今天中國物流體系沒有辦法支撐未來兩億。」因為物流問題，淘寶買家和賣家都有很多抱怨。買家抱怨賣家送貨延遲，賣家抱怨物流跟不上，自己有力沒處使。聽多了抱怨，馬雲覺得提高中國整體物流水平將是一個機會，未來一定大有可為。「未來能否成功誰也說不清楚，但是這個事情是一定要做的。」「菜鳥網路」發布會當天，馬雲如是說。

成長煩惱

正如一位心理專家所言，「抱怨，能給人帶來輕鬆和快感，猶如乘舟順流而下，那是因為我們這是在順應自己負面思考的天性；然而停止抱怨，改用積極的態度去欣賞事物美好光明的一面，卻需要很大的意志力。」抱怨是人人都會做的事情，而停止抱怨，從抱怨中尋找機會成功，卻是成功者的祕密。

跟馬雲的經歷類似，一次偶然的機會，江南春在等電梯的時候，聽到有人抱怨電梯太慢，等電梯人隨意的一句話，讓苦苦尋找靈感的江南春如夢初醒。於是，江南春確定了自己的賺錢模式——把液晶電視裝在電梯口播放廣告，然後收取廣告費。由此，有了分眾傳媒的快速發展。很多人把抱怨當成影響心情的負能量，而有心人則在抱怨中找到了成功的敲門磚。

馬雲告訴我們：當你還是「小」時，想法要「大」，做事要「細微」。當你變得「大」時，要想到「小」的，多做點事。阿里巴巴現在這麼大，要想到創造就業，想要幫助貧窮地區富起來，想要改變中國的環境。這是對中國現狀的三項抱怨，但也是三個機遇。商場中，任何人能解決這些問題，便可以長久地活下來，簡單又容易。

智慧點撥

這個世界機會太多。你看每天互聯網上抱怨的事情那麼多，這些都是機會。你加入抱怨就永遠都沒有機會成功，但如果你將別人的抱怨、投訴、不靠譜的地方變成你的機會，那麼你就會輕而易舉地登上成功者的舞台。

Attitude

60

從小處著手，不是只有大機遇才是機會

「棄鯨魚而抓蝦米，放棄那十五％大企業，只做八十五％中小企業的生意。」

馬雲經歷

在馬雲創業之初，「二八定律」剛從美國傳入中國，風靡一時，二十％的大企業掌握著八十％的財富，服務好這二十％的大企業就掌控了財富線，大家對這個理念都深信不疑。可馬雲偏偏反其道而行之，瞄準了八十％的中小企業。

「如果把企業也分成富人窮人，那麼互聯網就是窮人的世界。因為大企業有自己專門的資訊管道，有巨額廣告費，小企業什麼都沒有，他們才是最需要互聯網的人。而我就是要領導窮人起來鬧革命，為小企業謀生存，求發展。」一開始，馬雲對阿里巴巴的定位就是通過互聯網提供一個平台，將全球中小企業的進出口資訊匯集起來，讓中小企業能走向世界。

馬雲生長在中小企業發達的浙江，他從最底層的市場滾打過來，深知中小企業的困境。馬雲說：「像沃爾瑪這樣的大型採購商，曾滅掉了許多中小企業採購商。例如市場上一支鋼筆訂購價是十五美元，沃爾瑪開出八美元，但是一千萬美元的訂單，供應商不得不做。但如果第二年沃爾瑪取消訂單，這個供應商就完了。而通過互聯網，這個小供應商就可以在全球範圍內尋找客戶，悲劇即可避免。由於阿里巴巴的出現，現在大部分中小企業採購商和銷售商都已經把生意做到世界各地。因此，我認為世界已經改變了。我堅信小的就是好的。」

專注中小企業，為中小企業服務，這在當時確實不啻為一種革命性口號。阿里巴巴創立的頭幾年，企業聚集得越來越多，可就是不見盈利，很多人為馬雲捏著一把冷汗，馬雲卻很堅信，阿里巴巴的未來一定會無限光明，「在現在的經濟世界，大企業是鯨魚，大企業靠吃蝦米為生。而小蝦米又以吃大鯨魚的剩餐為生，互相依賴。而互聯網的世界則是個性化獨立的世界，小企業通過互聯網組成獨立的世界，這才是互聯網真正革命性所在。小小企業好比沙灘上一顆顆石子，但通過互聯網可以把一顆顆石子全粘起來，用混凝土粘起來的石子們威力無窮，完全可以向大石頭抗衡。」

比爾・蓋茨宣布退休時，有人問他：「你認為下一個比爾・蓋茨是誰？」他毫不猶豫地回答：「是馬雲。」比爾・蓋茨把馬雲看成是自己的接班人。互聯網浪潮潮起潮落，很多曾經的「數位英雄」已經成了陳年往事，唯有馬雲這個英語出身，自稱對互聯網一竅不通的人屹立不倒，甚至愈發挺拔，原因何在？這是因為作為「中國中小企業教父」的他，背後站立著太多太多的擁護者。「這個世界誰不關注中小企業，誰就不在關注自己的未來。中小企業如果不能發展，大企業就更不能發展。」如今，沒有誰再敢質疑馬雲的這句話了。

成長煩惱

「這家企業規模一般，待遇尚可，去不去面試都行……」許多年輕人在面對一大堆面試邀請函時，都會挑肥揀瘦，選擇名聲最大，待遇最優的單位面試。這種做法本是無可厚非，但是很多人抱有「寧缺毋濫」的態度，寧可坐等更好的機會也不去小的企業嘗試，就是在浪費小的機會了。因為不深入瞭解，你永遠不會知道那些看似不起眼的小企業裡，是否蘊含著你急需學習的資源。

美國休士頓大學華裔科學家朱經武說：「我能有今天的成就，很大一部分要歸功於我的父母，他們教導我要睜開眼睛，去發掘這個世界的許多機會和現象，即便有的時候會失敗，仍然要做到每一次都有所得。這一點，我母親說得最透徹。她說，要是你跌倒在地上，就想辦法抓一把沙。」連最小的機會也值得掌握，因為把握住小機會，你也可能獲得大成功。積土成山，聚少成多，單獨看來毫不起眼的力量，也可能積聚之後力量巨大無窮。

智慧點撥

安德森在《長尾理論》一書中指出：長尾真正令人吃驚之處在於它的數量。將長尾上足夠的非流行累加起來，就會形成一個比流行還要大的市場。互聯網等技術的出現，使得生產、流通的成本急劇下降，使得原本被我們忽視的大眾商品也有了出頭之日，使得「長尾理論」有了現實的基礎。所有利基產品可以創造一個可觀的大市場，並且這種尾巴拖得越長，則利潤空間越大。這就告訴我們，機會不分大小，小帆船也能翻出大浪花。

Attitude

61

危機也是一種新的機會

「我們對於危機的說法是危機之中才有機會；我們希望在最困難的時候說：『我能！』」

馬雲經歷

二〇〇三年春天的廣交會如期舉行，不巧的是，廣州發生了非典，對於廣州這個災區，能避則避，可馬雲為了信守承諾，考慮再三，還是派人去了廣交會。很不巧的是，從廣州回來的一名員工出現了發燒症狀，被診斷為杭州第四例非典疑似病人，阿里巴巴公司總部近五百名員工被迫隔離。在當時的敏感時期，這一事件還上了《人民日報》，《人民日報》將其定性為「麻痹的代價」，「為什麼要在這個時候派員工去廣交會」的指責一一指向了馬雲。

非典除奪去人的生命外，它更能在無形中置企業於死地。試想，如果因為所有員工被隔離在家，導致阿里巴巴網站癱瘓十天，那麼阿里巴巴四年的苦心經營必將付之東流，剛剛起來的銷售勢頭也將隨風而去，阿里巴巴就會陷入死亡的深淵。

阿里巴巴到了生死存亡的關鍵，馬雲個人又備受譴責。當時，他的壓力非常大，但是他卻選擇用堅定、樂觀的情緒穩定全局。他給全體員工發了一封公開信：

「今天，阿里巴巴正面臨著自成立以來一次最大的挑戰……我為有這樣的年輕人而驕傲，我為自己能在這樣的公司工作而自豪！我也希望阿里的家人朋友們為你們這樣的年輕人，這樣敢於接受挑戰的年輕團隊而鼓掌！因為你們沒有選擇恐慌、退縮和悲觀！這是阿里價值觀的作用！在這個非常時期，請發揮阿里人群策群力的傳統，在二〇〇三年五月十五日之前（或更長時間），無論你在公司、在家裡，還是在醫院，請銘記阿里人的使命和價值觀，在完全確保自己和他人健康安全的情況下，全力以赴地為我們的客戶服務。」

阿里巴巴上下看到了馬雲這封信，慌張、糟亂的心慢慢平穩了，大家開始把心放到工作上。在阿里巴巴被隔離的時間裡，五百多名員工全部在家裡上班，按部就班、各司其職，「每天該幹什麼還是幹什麼，只是不像以前一樣面對面，到中飯的時候，就去弄點吃的，下午一點多就會回到電腦前，晚上八、九點員工還一起在網上娛樂。」有員工回憶說。所有員工通過網路、電話溝通聯繫，保證了所有客戶沒有人抱怨。

那段時間，阿里巴巴的客戶會感覺比較奇怪，有時撥打服務電話，接通了，卻會傳來老人的聲音：「你好，這是阿里巴巴。」原來，阿里巴巴員工把服務電話轉接到了家裡，他們還會特意囑咐家人：「有電話打進來，你一定要說：『你好，阿里巴巴。』」就這樣，除了一點點奇怪外，所有客戶都沒有發現異常，隔離結束後，馬雲提到公司全體員工曾經被隔離了，很多客戶都難以相信。

穩定了軍心後，馬雲還不忘因勢利導，「借勢造市」。從二〇〇三年四月二日起，在中央電視台第一、第二套節目黃金時間開始滾動播放阿里巴巴網站的廣告，宣傳阿里巴巴從事電子商務不受「非典」羈絆的特色。當時，很多中小企業和他們的國外客戶被困在了家裡，他們看到這一廣告後，就嘗試性地接觸阿里巴巴，並很快發現：「哦，原來我們還可以這樣做生意。」

在「非典」肆虐的二〇〇三年第一季度，阿里巴巴迎來了騰飛的機會，這一季度註冊用戶增長了五十%、點擊量增長了三十%。阿里巴巴的品牌開始深入人心，「非典」過後，阿里巴巴的業務人員出去跑企業，基本上不用再向客戶介紹阿里巴巴是什麼、為什麼和怎麼做了。

馬雲在非典期間的靈活應對，不僅把危機變成了機會，把阿里巴巴的品牌推廣開來，迎來了阿里巴巴的騰飛，他還在這個關鍵時期，有效地凝聚了人心，把阿里巴巴團隊打造得更有戰鬥力。「當絆腳石變成墊腳石時，你就是生活的勝者。」這句話一點也不錯。當一般人都在苦難如何將自己的損失在危機中降到最低時，成功者卻在危機中尋找轉機存在的蛛絲馬跡。

危機與轉機降臨時，我們應該把握危機中的轉機，而不是能錯失良機。

歷史上著名的「鴻門宴」故事中。劉邦僅帶著幾個人就去赴會，危機四伏，隨時都有喪命的危險。而劉邦沉著應對，把握了轉機——項莊，轉危為安。本來占於優勢的項羽卻因為優柔寡斷，最終錯過良機，兵敗自殺。所以說，把握時機，隨機應變，定能化危機為轉機。

馬雲告訴年輕人：人的一生可謂危機四伏，但只要我們遇到危機時耐心思慮、機智妥善地應對並把握好時機，定會使危機變為轉機。

智慧點撥

福兮禍所伏，禍兮福所倚，危機與轉機總是相互聯繫的。在危機面前，人們常常有兩種態度：一種是臨危不亂、運籌帷幄，這種人是智者；另一種是驚慌失措，主動放棄，從此走向失敗。這兩種態度造成了截然不同的兩種結局：成功與失敗。當生活中遇到危機時，不要一味地抱怨，耐心思考，機智應對，很多時候，絆腳石就能變成墊腳石，危機就能變為轉機。

Attitude

62

機會來了，該出手時就出手

「我練過太極拳，太極拳要求專注，別看繞來繞去，要適時出擊。」

馬雲經歷

二〇一一年，有消息傳出，阿里巴巴將收購雅虎，消息一出，一片譁然。雅虎成立於一九九五年，輝煌時期，他曾與微軟、甲骨文並列為世界IT三大巨頭。近幾年，雖然業務停滯不前，但瘦死的駱駝比馬大，它的郵箱、搜索等業務在全球仍擁有廣泛客戶。同時，它在美國通信市場扮演著非常重要的角色。不僅如此，雅虎手上握有的阿里巴巴、雅虎日本股權等亞洲業務均被投資者們廣泛看好。如果阿里巴巴如願將雅虎併入囊中，這將是繼聯想集團二○○四年年底收購ＩＢＭ的ＰＣ部門以後，中國企業最重大的一次海外併購案。阿里巴巴能吞下雅虎這頭大象嗎？

有人說馬雲是癡心妄想，此次收購困難重重，有人說這又是馬雲的一次作秀，藉雅虎炒作自己，面對外界的多種評論，馬雲很淡定。二○一一年八月十一日下午，馬雲在「阿里巴巴全面收購雅虎中國」發布會上正式向記者宣布：「一個ＣＥＯ最主要的是對機會說ＮＯ，如果對與雅虎合作這樣的機會說ＮＯ那就太愚蠢了，我覺得這是一個非常難得的機會，不僅在中國少見，在全世界也是獨一無二的機會，如果不抓住這樣的機會，會終身遺憾，更何況這樣的機會我等了七年，我蓄謀已久了，楊致遠也盼望了七年，這次合作將實現雙方長期的夙願。」

其實，馬雲之所以看重了雅虎，是因為他看重了雅虎的搜索技術，他認為，全世界的電子商務離不開搜尋引擎，全世界的搜尋引擎也離不開中國的搜尋引擎。因此，在搜尋引擎上全力投入是阿里巴巴未來發展的一個重點，而雅虎在搜索方面的人才、技術都是非常難得的，併購了雅虎，阿里巴巴在搜索上的發展將如虎添翼。

機會是稍縱即逝的，該出手時就大膽出手。在當時的收購環境下，阿里巴巴收購雅虎面臨著不少難題，首先，美國的政治審核非常嚴格，達成收購需跨過美國「國家安全」門檻。其次，雅虎內部董事之間存在不同派系的政治鬥爭，這或許會成為達成協議的阻力。另外，併購牽涉將近二百億美元，錢也是一個問題。最後，微軟、銀湖、

DST等機構也表示出了收購意向，阿里巴巴如何勝出也是一個問題。

經過一番交涉和斡旋後，雖然困難重重，但是阿里巴巴與雅虎還是達成了收購意向，馬雲用實際行動向世界證明了，自己有敢於和高手過招的能力，自己能快、狠、準地出手抓住機會。

成長煩惱

莎士比亞說過這樣一句話：好花盛開，就該盡先摘，慎莫待，美景難再，否則一瞬間，它就要凋零萎謝，落在塵埃。所謂機會，是指具有時間性的有利情況。機會來了，該出手時就果斷出手，這樣才能把機會抓在手裡，不至於讓機會從身邊溜走。

人的一生很像去游泳，總有決定「游」或「不游」的時候，一個有信心的人，通常會把自己投向未知的世界，游向中央，去接受挑戰。這種人一定能歷經危險，吸取經驗。反之，膽怯或害怕變化的人，就只能躲在警戒線內，看著別人迅速地跑向前去。

馬雲告誡我們：多數人的毛病是，當機會衝奔而來時，人們兀自閉著眼睛，很少人能夠去追尋自己的機會，甚至在絆倒時，還不能看見它。所以，想要成功很簡單，只要在機會迎面而來的時候，勇敢地接著它。

智慧點撥

機會是稍縱即逝的，該出手時就要大膽出手。對於創業者來說，善於識別與把握時機是尤為重要的。在一切大事業上，在開始做事前要像千眼神那樣審視時機，伺機而動；而在進行時要像千手神那樣抓住時機，毫不猶豫。

成功的人，通常會主動尋找機會，然後把握機會；不冒險，就得不到成功。最好趁年輕時去冒險。二十來歲這段時間，正是一生中冒險意念最強的時候，切不可採取安全第一的態度。

第8章

不經歷一個過程，誰的成功都複製不了

關於職業規劃的人生態度

Attitude

63

投資一個興趣就是投資未來

「選擇自己感興趣的專業最重要！一、大學不是培養如何找工作的，技校才是。二、不要過於質疑大學的辦學方向，因為「上大學≠有工作」。三、走出校門，千萬別迷戀文憑，學會柔軟身段，好師傅大於好單位。四、想清楚，選擇當下，還是選擇未來。」

馬雲經歷

很多人都說馬雲是個大忽悠，對互聯網技術一竅不通，就靠嘴巴忽悠人才成就了今天的帝國，事實上，有這麼簡單嗎？凡事必有因，一個人從事一項事業，必定有其因緣所在。馬雲能夠構建阿里帝國，一個重要的基礎，就是他喜歡英語，而且英語很好。有了這個基礎，他才會對外面的世界很關注，對外貿感興趣，才會有後來的阿里巴巴。

馬雲從小學習不好，但是他相信「天生我材必有用。」其他的東西我都不好，但是我學精了一樣東西，就說不定有了謀生的資本。正是基於這樣一個樸素的想法，馬雲開始在眾多門學業中，選中了英語，儘管走上學英語之路有點戲劇化。

據說，把馬雲引上學英語之路的人居然是一位地理老師。這位漂亮的女老師，上課很活潑，她不僅講地理知識，還是把自己的人生經歷分享給學生。這無疑很讓馬雲產生了濃厚的的興趣，馬雲說自己當時上地理課總是「如沐春風」。

有一次，這位老師秀了一個事兒，她說自己喜歡在西湖邊散步，因為英語不錯，當外國人問到中國地理的時候，就能將自己的專業知識撒播出去。她當時作結的時候笑著說：「你們學好地理的同時還要學好英語，這樣才不會在老外面前丟臉。」

老師不經意的一句話，讓十二歲的馬雲開始暗下決心，學好英語「為國爭光」。從此以後，馬雲把最好的時光都用在學英語之上。當時條件很艱苦，為了學習英語，他每天聽英文廣播，堅持不懈。

回憶到這段經歷，馬雲說：「每天早上，不管颳風下雨，我都要騎車四十分鐘，到杭州西湖旁的一個小旅館去學英語，這一學就是八年。那時，中國已經逐漸對外開放，許多外國遊人到杭州旅遊觀光。我經常為他們充當免費導遊，帶他們四處瀏覽的同時練習英語，這八年的學習深深改變了我。」

馬雲對學習英語的認知絕對值得現在很多年輕人聆聽：「單字量和分數只是學英語的副產品，一個人英語好，回過頭來看，單字量和考試自然會好，但只有單字量和會考試不能證明你學好了英語，要想考好，心裡一定不要太在意考試，不然用考試來左右你的英語學習，是很難真正學會英語的，這就是為什麼我們很多學生甚至很多教師本身學了很多年，教了很多年都不能用英語去交流自己的思想。學英語的目的是交流，利用這個英語去交流自己為實現某個目標或辦成某個事情（比如欣賞文學作品，瞭解別國的文化和思維方式，交更多的朋友等），所要的資訊尤其是別人先進的東西，來為己為用，藉此學習別人的優點。」

因為對英語發自肺腑地熱愛，而且又很務實，馬雲學英語就不會覺得累或者丟人。中國人學英語，最大的問題是口語。而要練就一副地道的外國口音，沒有別的捷徑，你必須和說英語母語的人交流。為此，你得有一副不怕丟臉的膽識。馬雲說自己的優勢就在於「厚臉皮」。但凡有機會和老外說話，他都不會放過機會。

就是憑藉不怕出醜的大無畏精神，他的英語一天天流利起來。藉助西湖邊、高級涉外賓館的外國朋友，沒有出過一天國的馬雲，就這樣練就了一口純正、流利的英語。創辦阿里巴巴之後，在國內土生土長的馬雲可以很輕鬆地向海外用戶作精彩演講，「水準絲毫不差於國內演講」。

對英語感興趣，讓馬雲受益匪淺。因為英語好，他才能念杭州師範學院外語系，才能做英語老師，才有海博翻譯社，才有機會到美國接觸互聯網，也才有後來的阿里巴巴。對此，馬雲的感悟是：「我當年學英語，沒有想到後來英文幫了我的大忙。所以，做任何事情只要你喜歡，只要你認為對的，就可以去做。如果你思考問題功利性很強的話，肯定會遇到麻煩的。」

成長煩惱

你的未來想要做什麼？你的人生規劃是什麼？你未來想要一份什麼樣的工作？當年輕人面對這些問題的時候，大多覺得手足無措。「找個能掙錢的工作！」是很多人的第一念頭，或者「找個喜歡的工作！」但是卻很少有人瞭解，究竟怎樣才能找個既喜歡又能掙錢的工作。這個祕訣就是，興趣投入。

很多人說，人生就像一盒巧克力，你永遠不知道下一塊會是什麼味道。但是，總有一個味道是你鍾情的，正是對這個口味的鍾愛，決定了你對巧克力的認知。要先確定自己喜歡什麼，對什麼感興趣。興趣是最好的老師，感興趣的東西學起來才更有激情，感興趣才更願意學，我願意是最大的生產力。

馬雲的經歷告訴我們：人在江湖走，必須有一項首先是自己喜歡，然後拿得出的看家本領才行。興趣與成功的機率有著明顯的正相關性。人的一生終歸是要做自己喜歡做的事情。

智慧點撥

我們之前曾經看過的書、學過的知識和選擇的學科並不代表我們必然的職業取向，甚至不是我們一生職業成功的基礎，而興趣才是第一位的。在設計自己的職業生涯時，首先要考慮自己的特點，結合自己的興趣，擇己所愛，選擇自己所喜歡的職業。這一樣東西你發自內心地熱愛它，也許在當下的階段，它不一定是社會上最流行的，不一定是錢拿得最多的，也不一定是讓其他人羨慕的，但卻是你內心熱愛的。這個很重要，因為我們在職場兜兜轉轉，最後還是回歸到自己最感興趣的地方。

Attitude

64

第一個工作做什麼並不重要，關鍵是腳踏實地工作

「絕大部分的成功人士做的工作和大學裡學習的專業沒有太大關係，而且絕大部分人的第一份工作肯定不會是他最後幹的工作。」

馬雲經歷

今天，在鎂光燈的聚焦下，無數光環閃耀在馬雲身上。可是馬雲在進軍互聯網之前，曾經教過六年的書。

儘管讀的是「當時杭州最差的大學」，但是一個有個人魅力的人是不會因為時間地點而黯淡無光的，馬雲在杭州師範大學的時候，就已經是風雲人物了，四年裡他一直是一個振臂一呼應者如雲的學生會主席，後來還成為整個杭州的大學生聯合會主席。

不過人終究是要受時代影響的，儘管他很優秀，但是當時的社會認知就是：你一個師範畢業的，畢業了當老師是理所當然。而且馬雲所在的杭州師範大學就算在師範類院校也排不上名次，所以未來基本上被圈定在了中學英語老師。

不過，即便受社會大環境所限，但是個人的魅力在有限的選擇面前還是很有優勢的。因為華麗的大學經歷，馬雲在畢業的時候，在五百多名畢業生中脫穎而出，成為唯一一位在大學教書的教師。一九八八年，馬雲去杭州電子工業學院教英語，這是他的第一份工作，從此六年沒離開過三尺講壇。工資實在太低，他就利用業餘的時間做起了兼職，在夜校教英語。一方面是賺點補貼，一方面是鍛煉自己的口才。

業內人士喜歡將馬雲的口才與「張朝陽的時尚、陳天橋的穩重、王峻濤的迷球、王雷雷的直爽」相提並論。而馬雲過人的演講水準，就是在那段教書生涯練就的。

有幸做過馬雲弟子的人都知道，他的課當時最受歡迎。講台上的馬雲總是激情澎湃，讓台下的學生聽得熱血沸騰，並不由自主順著他的方向思考。據說，每當馬雲開課，就會造成其他課堂的缺席率飆升，很多學生都樂意跑去看馬雲「表演」。在那個剛剛「開放」的年代，人們都樂意學得滿口洋文，馬雲提供了一個不錯的平台，而且有這位導師「表演」，大家都壯膽了很多。除了口才好，馬雲互動式授課模式也是其受歡迎的重要因素。他有個觀點，就是好學生不是教出來的，而是發現、訓練出來的。所以，馬雲不像其他老師那麼照本宣科，他很務實，以提高大家的口語，並引發大家思考為宗旨，上他的課只有收穫，沒有壓力，因此很多人捧場。

別看馬雲上課「老不正經」，但是教課成績突出。當時他在大學教英文的時候，和今天一樣，英語是要統考的。馬雲最開始帶的班裡有二十八個學生，這些來自農村居多的孩子底子很薄弱。據說經過馬雲三個月堅持不懈地輔導，獲得全部通過的奇蹟。

一九九五年，三十歲的馬雲憑著出色的工作表現被評為十大傑出青年教師之一。榮譽是其次，最重要的是，那六年他收穫了最誠摯的友情，積攢了最給力的人脈，後來創業班子的人，多是他在夜校兼職的追隨者。可以這麼說，馬雲在杭州電子科技大學做老師的那幾年，奠定了今後阿里巴巴創業路上最核心、最忠誠的創業團隊，這些夥伴和記憶，應該是他一生中最寶貴的積累和財富。

馬雲很感激第一份工作，教書的六年，是馬雲人生中積累寶貴財富不可多得的六年。正是學英語和教英語，練就了他的非凡口才；正是學英語和教英語，讓他結識了一幫志同道合的朋友；正是學英語和教英語，讓他積累了最初的聚人和管人的寶貴經驗。

口才、人脈、管理經驗，馬雲行走江湖的三大寶，都是在這個階段沉澱下來的。

成長煩惱

「跳槽」「裸辭」……這一系列新興詞彙都是描述九〇後青年人的生活狀態。特別是剛剛進入社會的前兩年，「上半年換工作、下半年撐著領年終，領完年終獎立馬閃人」，是很多職場新人的就業實態。花費大把的時間都用來跳槽，還美其名曰「尋找合適的位置。」其實，過於頻繁地更換單位或者工作，並不利於職業的發展。跳槽往往意味著新的開始，你可能又有了一張可以去盡力描繪的白紙，但同時你過去盡力描繪的東西也有可能被一筆勾銷，要重新開始再一個創業的過程。

馬雲告誡年輕人：腳踏實地工作很重要。盲目更換工作，會讓企業對你抱有懷疑。因為對用人單位而言，大學畢業生頻繁進出，不僅增加了培訓成本，而且可能打亂整體的人力資源規劃及工作計畫。所以，如果你讓面試官發現你有頻繁的跳槽史，那麼他就會好好考慮一下，你會不會剛進入他的公司，很快就又跳槽去別家了。

智慧點撥

第一份工作是什麼不重要，重要的是，你在第一份工作中有沒有完成職業化，有沒有積累下什麼，是不是可以為將來打好基礎。一份工作幹滿三年，對於今天的年輕人來說，似乎已是「職場天險」。但實際上，如果第一份工作撐不滿三年，那麼以後每一塊跳板都會是晃晃悠悠的。而且，盲目跳槽的最大受害者是跳槽者本人，正如蝴蝶效應所揭示的那樣，長此以往職業生涯很難獲得突破性發展。

Attitude

65

建立你的誠信體系，它是職場的通行證

「一個人最重要的，也是最大的財富，就是你的誠信。注重自己的名聲，努力工作、與人為善、遵守諾言，這樣對你的事業非常有幫助。」

馬雲經歷

二〇〇五年，馬雲在上海阿里巴巴「網商論壇」上講過一個真實的故事：「一九九五年我被四家公司欺騙，我還派一個人到深圳去，教他們文案怎麼做，我還在這裡傻傻地等。今天回過頭來看，欺騙我的四家公司全關門了，這說明靠欺騙、不講誠信是走不遠的。」

一九八八年，畢業分配那天，馬雲母校的校長找他談話，他對馬雲說了一句語重心長的話：「馬雲啊，我希望你五年之內不要有什麼想法，不要離開你的崗位，老老實實做你的老師！」

校長的心情我們能夠理解，他是馬雲的老師，自然瞭解自己的學生，知道淺水困不住蛟龍。但是作為一校之長，他要為更多的學生考慮，希望自己的學生都能夠分配到理想的學校，如果這第一個分配到大學的學生不能夠堅持到底，以後誰還敢要杭州師院的學生呢？

馬雲理解校長的一片苦心，他給了校長一個承諾：五年之內不離開講台。

馬雲剛參加工作月薪是八十九元，當時到南方做翻譯月薪是一千元。為了這個承諾，馬雲沒有離開；

三年後，馬雲工資漲到一百二十元，而中國已經更加開放了，隨便找個地方，翻譯的月薪不會低於三千六百元，但是馬雲還是沒有離開。

到馬雲向校長遞交辭呈為止，馬雲一共做了六年半老師，兌現了自己的承諾。這也是馬雲的為人之道，處世之道：永遠信守諾言，永遠以誠信為本。

走上了創業的道路，馬雲更是將「誠信」放在第一位。

在中國這樣一個「人情味」極其濃厚的國度裡，做生意是很講「感覺」的，這種感覺就是一個人的人格、信譽，就是一個誠信。對於創業者來說，這就是最珍貴的資本。

馬雲多年積累的信譽，在創業初期發揮了極大的作用。在朋友們的幫助下，馬雲先後做成了杭州第二電子機場、錢江律師事務所、杭州望湖賓館等第一批客戶。

實際上，馬雲所做的不僅是一項業務，更是一個做人的過程。正是因為朋友相信他的人格，才敢買他的產品，才會相信他所說的那個叫「因特耐特」的「鬼東西」。無論是朋友，還是朋友的朋友，馬雲都敢拍著胸脯說：「我馬雲以人格擔保，要是在美國看不到的話隨便你怎麼罵我都沒話說……」

這話說起來簡單，做起來還真不容易。但要是真做到，那就是無價的。

在《贏在中國》的現場，馬雲曾經說過這樣一段話：「一九九五年、一九九六年，我們做中國黃頁的時候，我也發不出工資了，離發工資的時間只有三天，我帳號上只剩兩千多塊錢，而工資要發八千多塊錢，那時候很殘酷。我們的員工說沒關係，我們兩個月不拿工資也跟你幹下去。但人家說兩個月不拿工資可以，你得出去借，用你的誠信。」

「因此，我覺得一個CEO，一個創業者最重要的，也是最大的財富，就是你的誠信。如果我今天向熊曉鴿或者吳鷹借一千萬，他們如果有錢也會借給我，這是基於我們平時之間的瞭解、信用。如果他不認識的人，即便就是借一萬他也覺得不行。所以，一個創業者一定要有一批朋友，這批朋友是你這麼多年來誠信積累起來的，越積越大，像我帳號的財富，這就是每天積累下來的誠信。」

這就是誠信馬雲的心裡話。

如今，在阿里巴巴總部，有一些「信任小賣部」，沒有營業員，大家根據標價自覺拿貨投錢，據說「信任小賣部」一直運營著，錢從來沒少過。這個阿里巴巴的內部小案例，曾引起北大教授周其仁的興趣。

成長煩惱

說話不算話，許了承諾拖拖拉拉……許多年輕人都認為這是小事，不值得一提，不值得計較。因此，當被別人指出來的時候，多半會不耐煩地說：「這都不叫事兒。」其實，這些小事卻能看出一個人對待生活、工作的態度，以及員工的個人品質好壞，誠信是立身、立業的重要基石。

古人常說「人無信則不立。」現代人強調誠信。世界五百強企業選人、用人、留人的重要標準之一正是誠信。比爾・蓋茨這樣說過：「這個社會並不缺乏有能力有智慧的人，缺的是既有能力又講誠信的人。相對而言，一個人的誠信對於企業來說更重要，因為智慧和能力並不代表一個人的品質，對企業來說，誠信比智慧更有價值。」

馬雲告訴我們：誠信是創業者最大的財富。現代人貸款、借債稀鬆平常，創業的人更是如此，只有建立良好的信用體系，你才能在職場、商場一路通行無阻。

智慧點撥

有這樣一條職業理論：如果結果是一個函數的話，能力就是決定幅度的參數，而誠信則是決定方向的參數。一個人的能力越高，如果缺乏誠信，其創造的結果就越背離企業的目標。這就如同一個人跑步，如果他的方向與終點相反，那麼他的速度越快，最終的結果就是越背離終點。

Attitude

66

年輕人在三年內沒有想法，這一生基本就這樣了

「一個年輕人，如果三年的時間裡，沒有任何想法，他這一生，就基本這個樣子，沒有多大改變了。」

馬雲經歷

溫水煮青蛙的道理，相信很多人都知道了：將青蛙投入已經煮沸的開水中時，青蛙因受不了突如其來的高溫刺激，馬上從開水中跳出來，從而得以成功逃生。而把青蛙先放入裝著冷水的容器中，然後再加熱，結果就不一樣了。青蛙會因為初始水溫的舒適，而在水中悠然自得，麻痹大意。等到牠感覺到高溫來臨時，已經心有餘而力不足了，不知不覺被煮死在熱水中。

在職場，存在一種與頻頻跳槽族完全不

同的另外一個族群：他們一旦找到一個工作，明明知道這不是自己要的，也知道這份工作的含金量很低，但是因為迷戀其沒有壓力的工作環境、單調純潔的人際關係等，而不願意改變自己。有些人就不願意多想想未來。

「馬雲最大的特徵就是他是一個很有想法的人。別人看他是個大忽悠，其實他心裡可清楚了，始終知道自己想做的是什麼，而且堅持去做了，所以，他才能做了別人做不到的事。」熟悉馬雲的人都這樣評價他。

當年馬雲被分到杭州電子工學院當老師的時候，按照當時的說法，就是搶到了鐵飯碗。按照一般人來說，有一份穩定的工作，是一件令人開心的事兒，但是馬雲從來不這麼想。儘管他的教師生涯做得很優秀，但是馬雲知道，教學並不是他一輩子所追求的東西。「在六年的教書生涯中，我一直夢想著到公司工作，比如飯店或者其他什麼地方。我就是想做點兒什麼。」

為了實現自己「做出點什麼」的夙願，馬雲做了很多嘗試。他說去飯店，也不是純粹的比喻，而是真實的經歷。馬雲在當老師的時候，也去應聘過很多的社會職務，目的就是鍛煉自己，開闊視野。在不斷嘗試中找到適合自己的路子。

紙上得來終覺淺，絕知此事要躬行。馬雲之所以不甘心做一個教師，就是因為和其他熱衷做大事的人一樣，骨子裡不甘願做一個傳授二手智慧、間接改變世界的人。他寧願衝鋒陷陣在前線，哪怕被失敗挫折傷得遍體鱗傷為代價，也要做直接改變世界的人。

就是在這樣的動機驅動下，馬雲才不斷尋找著機遇。當他直覺互聯網是自己的天賜良機時，就在一九九五年果斷辭職了。儘管此時的馬雲，對互聯網一知半解，身邊的人也紛紛反對，但是他依然下海了。

馬雲辭職的時候，他所供職的杭州電子科技大學的校長曾對他許諾，將來一定讓他當學校駐外辦事處主任。這無疑是一個很不錯的人生安排。在外人眼中看來，馬雲的貿然，無疑是自毀前程。然而，馬雲對此卻毫無悔意。

因為不在於互聯網有多酷，其實不管創業互聯網成功與否，都不會影響馬雲下海的決定。在他看來，此時自己已經三十好幾，如果再不為人生搏擊一把，這一輩子也就沒有機會了，以前是因為合約在身無法離開，而此時合約已經到期了，能離開的時候不去思考未來，那就是對自己的極大不負責，所以他才辭職得很著急。

馬雲的時代，鐵飯碗足以綁住一個人，尤其是對於滿足現狀的人。而馬雲顯然不是這種人，所以他只會被捆住一陣子，一旦有機會換得「自由」，他就必然選擇鷹擊長空。

成長煩惱

你對你的人生有什麼想法？很多年輕人面對這個問題，都是一愣，然後緩緩地搖頭。迷茫，是很多年輕人的生活狀態，不知道明天在哪，不知道目標在哪裡，大有「當一天和尚」的架式。

哈佛大學會對一群智力、學歷、環境等客觀條件都差不多的年輕人，做過一個長達二十五年的跟蹤調查，調查內容為目標對人生的影響，結果發現：那些沒有目標的人，幾乎都生活在社會的最底層，經常處於失業狀態。六十%的目標模糊的人，幾乎都生活在社會的中下層面，都沒有什麼特別的成績。十%的有清晰短期目標者，大都生活在社會的中上層。三%的有清晰且長遠目標的人，二十五年後，他們幾乎都成了社會各界頂尖的成功人士，他們中不乏白手創業者、行業領袖、社會精英。

這個追蹤調查告訴我們，有自己的想法很重要。馬雲的經歷也告訴我們，年輕人，不能庸庸碌碌，一定要有清晰、長遠的目標。不隨便更改自己的人生目標，並為實現目標做不懈的努力，那麼你會距離成功越來越近。

智慧點撥

做自己的職場主人，瞭解自己想要什麼，你所做的所有事情就開始有了中心，哪怕你並不能在理想的平台上發展自己，至少可以知道自己在目前的工作中要發展和培養什麼資源和能力。

Attitude

67

三十五歲之前
一定給自己不斷嘗試的機會

「我覺得網路公司一定會犯錯誤，而且必須犯錯誤，網路公司最大的錯誤就是停在原地不動，最大的錯誤就是不犯錯誤。關鍵在於總結我們反思各種各樣的錯誤，為明天跑得更好，錯誤還得犯，關鍵是不要犯同樣的錯誤。」

馬雲經歷

古人云：三十而立。如果一個人到三十歲左右還找不到自己有特長的職業領域，那麼我們多少要為這個人的職業發展而擔憂——三十歲後，隨著家庭、心態的變換，一個人將很難再去嘗試新的行業。所以在還可以折騰的時候，不妨允許自己試錯，哪怕誤傷一兩個職業。我們也有犯錯的資本，能夠為犯錯買單，大不了就是把這一兩個職業棄於深谷，從此不相往來足矣。但事實上，任何的嘗試都會在未來的職業發展中不經意地收穫一二。

一九九五年，三十歲的馬雲和朋友一起創辦海博翻譯社。海博源自英文單詞hope的諧音，意為希望。就是三十而立，給自己的人生帶來希望的意思。

在創業初期，一切從零開始，馬雲和他的那群夥伴們面臨著更多的挑戰和失敗。記得開張的第一個月，海博翻譯社的收入是七百元，而房租是二〇〇〇元。第一個月沒有賺到錢反倒虧了一大半，這不禁讓許多人舉棋不定、內心動搖了。

而就在大家茫然不知所措的時候，馬雲竟然一個人背著個大麻袋去義烏，賣小禮品、鮮花、書、衣服、手電筒，用這些買賣的收入彌補翻譯社入不敷出的艱難狀況。

據馬雲說，翻譯社一九九四年已經達到收支基本平衡，一九九五年開始了首次盈利，而談及現在的海博，馬雲的說法是「盈利很高」。如今，海博是杭州最大的翻譯社。

等待對於馬雲以及翻譯社的同事們來說都是刻骨銘心的漫長，但是如果沒有這種堅強的意志力去克服一個個迎面而來的困難，海博翻譯社也無法走到今天。

十二年後，海博翻譯社負責人張紅女士回顧當初馬雲投身翻譯行業時，依然動情地說：「當大家都還沒想到這個行業的時候，當大家都還沒有看到這個商機的時候，馬雲首先想到了，他的想法都是具有前瞻性的。那時我們杭州沒有翻譯社，我們是第一家獨立存在的這樣一個公司，大家都不看好，而且一開始也不賺錢，但馬雲堅持下來，沒有放棄。所以，我很佩服馬雲，他說的話會讓你振奮，沒有希望的東西在他看來也充滿生機，他能帶給他身邊的人生活的激情。」

翻譯社的經歷相比於日後阿里巴巴的大紅大紫，可以說那時的馬雲肯定稱不上功成名就。但回憶以往的點點滴滴，馬雲獨闢蹊徑地總結道：「經營翻譯社的過程讓我明白成功者至少需要兼備兩種品質：一是大膽執著的性格，二是對市場的敏銳嗅覺。」

雖然我們難以考證他後來創辦阿里巴巴是否就是從這次創業中得到的靈感，但我們願意相信他「讓天下沒有難做生意」的商業哲學，一定在那時已經埋下了種子。而也正是翻譯社的威名讓馬雲有機會出國見識一片新天地，繼而讓馬雲堅信自己找到了互聯網這個願意為之奮鬥的職業領域。

這一切看似巧合的經歷，當我們開始回顧的時候卻發現其間一環扣一環的聯繫。如果馬雲做翻譯沒有做到足夠好，就不會有出國的機會。如果馬雲在沒遇見互聯網之前沒有做各種嘗試，估計就不可能出國，也就不會這麼早認識互聯網，更不會有今天的阿里巴巴帝國了。

？成長煩惱

當一個人慢慢在職場穩定下來的時候，下一步應該做些什麼？很多人找不到自己想過的生活，是因為他什麼都沒有試過！這就好像談戀愛一樣，如果你連一個女孩都沒見過，自然不知道何種類型才是自己的最愛。

有句話說，最大的風險是不敢冒險，最大的錯誤是不敢犯錯。大多數的人之所以不敢冒險，也不敢犯錯，因為他們只相信看得見的事。那些他們還沒見到的事，他們習慣用經驗去分析，而經驗告訴他們的答案往往令他們不敢輕舉妄動。

馬雲告訴我們，年輕的時候多去嘗試並不是一件壞事，我們允許犯錯，我們要對世界保持開放的態度。從各種各樣的錯誤中總結出正確的方向、道路，用意志力去克服一切前進路上的困難，只有這樣，方為強者。

智慧點撥

成功的人通常具有一種特徵：喜歡做夢，而且不怕嘗試錯誤。他們相信，心中的夢是支撐他們勇往直前的力量，而不怕犯錯，才能累積成功的資本。因為有了夢想，所以他們對失敗與風險比較能持樂觀的看法。而且，這些成功的人，通常是成功了兩次——他們在潛意識裡相信自己已經成功，然後他們真的就成功了！

Attitude

68

不論是在大公司還是小公司，重要的是要長真本事

「不想當將軍的士兵不是好士兵，但是一個當不好士兵的將軍一定不是好將軍。」

馬雲經歷

一九九六年，互聯網開始成為新經濟最有力的代表，馬雲創立的「中國黃頁」成為了杭州電信的眼中釘。這是一場實力懸殊的戰爭，杭州電信註冊資本三億多，馬雲註冊資本僅兩萬；杭州電信有著非常好的社會資源和政府資源，馬雲卻一樣都沒有。不僅企業，就是老百姓，也覺得馬雲是非正規軍、游擊隊，頂多也就算得上是「土八路」，沒有人肯相信他們。杭州電信利用自己的官方背景，做了一個名字很近的網站chinesepage.

com，也叫「中國黃頁」，藉以分割馬雲「中國黃頁」的市場。

為了拯救身處困境的中國黃頁，為了使中國黃頁繼續活下去，馬雲最後選定同杭州電信合作。一九九六年三月，中國黃頁將資產折合成六十萬元人民幣，占三十%的股份；杭州電信投入資金一百四十萬元人民幣，占七十%的股份。合併之後，馬雲他們很快就失去了話語權。最後，馬雲被迫離開了自己一手創辦的中國黃頁。

一九九七年，當馬雲離開中國黃頁時，外經貿部向他伸來了橄欖枝。於是，馬雲帶著自己的創業班子遠走北京，加入了當時的外經貿部。「當時為了傍上這個靠山，腦袋一拍就去了北京。我很少騙人，但是我騙了同事。當年在我的公司有四十多名員工，我要帶幾個去北京，許多人都很年輕，我當時和他們說北京怎麼好，說得天花亂墜。他們說好，我們去。我那時對北京還不熟悉，和經貿部也只談了一次。」

顯然，他們是衝著外經貿這棵大樹而去，但是這一次在大公司的經歷，並不是想像中那麼美好。表面上看，外經貿部很重視馬雲和他的團隊，為此專門成立了一家公司——中國國際電子商務中心（EDI），由馬雲組建、管理，馬雲占三十%的股份，外經貿部占七十%的股份。名義上占三十%股份，實際上馬雲一個月就幾千元的工資，其他什麼也沒有。更要命的是，在這裡處處受制於人，根本施展不開拳腳。

在這裡，馬雲被稱做怪人。他的想法總是和別人不一樣。儘管他的創業激情同樣感染了身邊的很多同事，但是最終在網站的定位上與領導層產生了很大的分歧。領導層認為網站的定位應該為大企業服務，而馬雲卻認為電子商務的未來在於中小企業。在多次磨合未果之後，馬雲很沮喪，「大公司」的新鮮感很快過去，馬雲陷入深思：下一步，我該如何走？

當時所面臨的無非是兩條路：留在北京，或者離開北京。若留在北京，機會倒是有，比如當時的新浪和雅虎都希望馬雲加盟，但馬雲認為北京的網路太浮躁，很難成事；況且他已經受夠了在政府企業裡做事時條條框框的束縛、磕絆與畏首畏尾。最後他做的決定是南歸。「到了一九九八年底，出現了質的變化，互聯網大潮越來越熱，我的理想不是在政府裡當官員，我的理想是十年以內建一個很好的公司，所以我決定離開。離開的時候還沒有想過要做阿里巴巴，那時候覺得中小型企業一定有前景，中國互聯網的發展一定會很好，到底要做什麼還不是很明確。但時至一九九八年底，如果我還要這麼做下去我就更像個官員，不像個商人了。」在面子和機遇面前，馬雲選擇了後者。

通過兩次失敗的「傍大樹」經歷，馬雲深刻地意識到了：自己更適合創業，而不適合在中規中矩的大公司工作。

成長煩惱

很多初入職場的人都夢想到大公司就職，待遇不錯，工作穩定，出去還有面子。

很多年輕人為了追逐大公司，甚至轉行迎合大公司的聘用要求。一些年輕人甚至慨歎：「去大公司當清潔工也比在小公司當頭頭兒好啊！」毫無疑問，求職者看重的只是一時的收益，卻從沒想過自己是否有志在大公司長遠發展下去，自己的理想、性格是否與大公司格格不入。馬雲的經歷告訴我們：大公司有大公司的好，小公司有小公司的妙。關鍵是你的性格、興趣與什麼樣的公司匹配，以及你想要從這家公司得到什麼。如果你是一個個性積極富有冒險精神的人，可以考慮小公司或高風險高機會的公司；相反，個性穩健型的人以大公司優先。如果你的職業目標是成為一名職業經理人，那麼大公司的工作經歷就有利於提升自己的職場地位。

智慧點撥

大公司複雜的組織運作能幫助你瞭解種種職場遊戲規則。但是，如果你將來有志於創業，那麼大公司的經驗則可能成為一種障礙，在一種成熟的企業文化下容易養成一種按部就班的行事風格，過分職業化有時也會逐漸消磨個人的創造性，過分官僚化和組織結構的多層化會讓人沉湎於公司內部政治中不能自拔。

Attitude

69

做不好士兵的人永遠當不了將軍

「成功是一種積累，從良好的心態到務實的工作，每一個扎實的腳印，都是構成美好未來的堅固基石。比別人多勤奮一點、多努力一點，這是我一路走來的感悟。」

馬雲經歷

「我們花了兩年的時間打地基，我們要蓋什麼樣的樓，圖紙沒有公佈過，但有些人已經在評論我們的房子怎麼不好。有些公司的房子很好看，但地基不穩，一有大風就倒了。」無論是做人還是做企業，馬雲都很講究打好基礎。

他總是這樣告誡自己的員工：「做不好士兵的人永遠當不了將軍。這個世界上真的沒有免費午餐，千萬不要走捷徑。」

馬雲自己就是一個積跬步以成千里的鮮活案例。據馬雲自己在演講中提到，大學四年，他的成績都名列前茅，但因為「賣相不佳」，他在擇業過程中曾經遭遇過很多冷遇：二十年前剛剛大學畢業，曾經應聘過三十份工作，全部被拒絕，後來才做了教師。據說他曾經應聘做一名員警，當時和五個同學一起興沖沖地去面試，其他四位同學都被錄取了，只有他因為長相問題而被刷下來了。他還應聘過杭州第一家五星級賓館的服務員，據說還為此排了兩個多小時的隊，辛苦了半天也沒有被錄取。還有一件事情，馬雲最樂於分享，他說他曾經和二十四個人一起到杭州當地的肯德基餐廳應聘，結果這一次更慘，其餘人全部錄用，只有他一個「被抱歉了」。

通過以上的事實，我們可以看出馬雲和現如今大多數畢業生的命運無二。但是馬雲卻不像大多數人一樣習慣怨天尤人，他從來沒想過走捷徑。通過他的辭職下海，到艱苦創業，我們都可以看出，他是一個似乎更樂意走曲折之路，以艱苦換來成功。他認為這樣的成功才倍感甘甜。

因為自己本身很務實，所以他從骨子裡喜歡那些有著扎實積累的人，從他對待ＭＢＡ人才的觀點就可以看出：「多年來，我們用了很多的ＭＢＡ，包括從哈佛、史坦佛等學校以及國內的很多大學畢業的學生，九十五％都不是很好，也許是我們的原因。站在一個客觀的、老師的角度上，我覺得ＭＢＡ有很多的問題。幾年前，我在哈佛商學院、在麻省理工學院講了ＭＢＡ的發展和我自己覺得非常重要的一些問題，無論他們聽不聽，我一定要告訴他們，這是他們必須瞭解的事情。主要是兩個方面：第一，ＭＢＡ入門學什麼？我覺得很多開設ＭＢＡ教育的學校，不光是中國，全世界各地的ＭＢＡ學校，只是教了很多技能性的東西。然而，要做事先做人，先學做人的道理。這些ＭＢＡ進來企業的時候，基礎的禮節、專業精神、敬業精神都很糟糕，一來好像就是『我來管你們了，我要當經理人』，想把以前的企業家推翻了。這是一個大問題，ＭＢＡ應該先學什麼？作為一個企業家，小企業家成功靠精明，中企業家成功靠管理，大企業家成功靠做人。有些人說（企業）做大了自然會做人了，錯了！要從一進門就學會做人，從小就學會做人。

ＭＢＡ畢業以前做什麼？是調整期望值，這些人畢業出來以後，眼光都很高，我相信我們大家都經過這樣的階段，大學畢業後覺得終於熬過了四年，念了ＭＢＡ，念了ＰＨＤ（博士學位），該讓我管管人了。

我到哈佛講，我去年把四個同事送去讀ＭＢＡ，一個去了哈佛，三個去了沃頓商學院。我去看他們時說：『你回來時告訴我忘了ＭＢＡ教的一切，你畢業了，如果（頭腦裡）還是條條框框，說明你沒有畢業，繼續回去學。ＭＢＡ學了兩年以後，還要起碼花半年時間去忘掉讀ＭＢＡ期間學習的東西，那才真正成功了。』」

與對待ＭＢＡ人員的態度相反，馬雲對自己的老員工持無保留的肯定態度。因為這些人都是跟著他一步步熬過來的，所以他覺得他們是公司裡最大的財富。

成長煩惱

現在的年輕人都恨不得一畢業就立馬找到一個金飯碗，自此無憂無慮。如果找不到這樣的美差，就會怨天尤人，要麼覺得生不逢時，要麼覺得潛規則太多。彷彿人人天生都是好命似的。

而受那句「不想當將軍的士兵不是好士兵」的影響，很多人毫無根基的時候，就以「將軍」的規格對待自己。初入職場，低職位、受點不公待遇，動輒就委屈滿腹，這種自視清高的人，除了自己看得起自己之外，別人其實都在看他的笑話。想當將軍沒有錯，關鍵是要稱好自己有幾斤幾兩再說。

船的噸位都是由它的吃水性決定的。剛畢業的年輕人，就好比漂浮在水面的輕舟，這個時候要靜下心來，修煉自己的吃水性，這樣才能承載更多的貨物。不然，這個時候，就是走了捷徑，別人給了你一個高職位，但是你的吃水性太差，很快就會沉沒下去的。

智慧點撥

正如馬雲所言：你需要的不是「金飯碗」，而是永不停止學習的進取精神。你目前的技能不夠好，也決定你目前的工作不夠好。這山望著那山高未嘗不可，但是關鍵要看你有沒有能力爬更高的山。

第 9 章

建立自我、追求忘我

關於自我修煉的人生態度

Attitude

70

讀書像加油，加滿還需知去向

「兩種人不太會成功，一個是不讀書的人不太會成功，第二個是讀書太多的人也不會成功。讀書像汽車加油一樣，加滿油你得知道去哪裡，裝了太多的油就變成油罐車。」

馬雲經歷

馬雲和大多數人一樣，因為不是出身書香門第，從小並沒有讀多少書。

「我是真的沒有看多少書，但是，我在我們家比起來，我算看書看得多一點的。我哥哥他睡覺睡不著，他一本書拿在手上一分鐘就睡著了。我不是謙虛，我書看得真不多。我小學所有的課本加起來都沒有一些人背來的書多。不過，我必須得跟年輕人講講實話，沒必要看那麼多書。」

對於已經讀了很多書的人，馬雲的忠告是：「如果你看了很多書，千萬別告訴別人，否則別人就會不斷考你。」

除了主張「別讀太多書」，馬雲還討厭盲目讀書。「所有人都認為最好的書我都不太喜歡。小時候我記得我爸媽說《紅樓夢》怎麼好，不看《紅樓夢》的人沒文化，我到現在都咬牙看下去，我看前面一點就看不下去了。反正我沒看下去過。我記得我們念高中的時候有一本《圍城》，人們都把這個書說得太好了，我怎麼也看不下去。可能我帶著太大的期望值了，別人一般說很好的書，這跟我自己可能有關係，我總是帶著太大的期望值，看起來不那麼好，也沒什麼討厭的書。經濟學家的書，我基本上不看。不看經濟學家的書有很重要的原因，第一，我看不懂。第二，我覺得他們把自己看得太重。」

讀書太多的人也不會成功，而不讀書的人也不太會成功。馬雲並不是在宣導「讀書無用論」，而是在強調要靈活讀書，讀真正對自己有幫助的書。

很多人問馬雲對他影響最大的人是誰？他答案給得很快：「路遙」。正是路遙的《人生》改變了他。否則按照馬雲的說法：「我到現在還在踩三輪車呢！」

馬雲第一次高考落榜後，蹬三輪車給雜誌社送書。一次偶然的機會，他為某協會主席抄寫文件。就是這個時候，他第一次接觸路遙的作品——《人生》。這本書的出現，充當了少年時期馬雲的精神導師，它改變了馬雲的思想，進而改變了馬雲的未來人生之路。

正如路遙之後的《平凡的世界》影響了幾乎所有出生在二十世紀七〇年代的人一樣，《人生》也影響了許多出生在六〇年代（也包括馬雲在內）的那一代。讀過《人生》這部小說或者看過同名影片的人不會無所感受。小說主人公——農村知識青年高加林曲折的生活道路給馬雲帶來了許多感悟。高加林是一個很有才華的人，他對理想有著執著的追求，但在他追求理想的過程中，往往每向理想靠近一步，就會有一種阻力橫在他面前，使他得不到真正施展才華的機會，又不得不面對重新跌落到原點的局面。

高加林的故事給馬雲很大的震撼：人生的道路看起來很漫長，但關鍵處卻往往只有那麼幾步。關鍵時刻一定要把握住，不然人生會變成另外一個樣子。在人生道路上，沒有一個人的道路是筆直的、沒有岔道的，這正印證了一句話：「人生不如意事十有八九」。既然生活道路是如此曲折、複雜，人們就應該坦然地去面對，遇事不驚，克服一切困難，以自己的勇敢去笑對人生，用自己的熱情去創造人生！

於是，就在那一刻，馬雲開始下定決心：參加第二次高考。

？成長煩惱

「死讀書，讀死書」是很多人現在的狀態，古人說「書中自有顏如玉，書中自有黃金屋」，還有今人放言「讀書無用」。究竟該不該讀書？究竟怎麼讀書才是正確的？

耶魯大學的校長海德雷說：「在各界做事的人，無論是商業界、交通界還是實業界，都這樣向我說，他們最需要的人才是大學學院培養的、能善於選擇書本、能活用書本知識的青年，而這種善用書本、活用書本能力的最初培養，最好是在家庭中，尤其是在那些具備各類書籍的家庭中。」讀書能力，也代表著更新自我的能力，他是一個人在職場中駐足的競爭力。

馬雲告誡年輕人，千萬不要死讀書，讀書是好事，但是要活學活用。讀書要有目的，知道自己的未來方向在哪裡，否則只是埋頭讀書，早晚只會讓社會多一個書呆子，卻不會多一個成功者。只有取其精華，去其糟粕，將書中所講的知識靈活地結合到實踐之中，才是正確的讀書方法。

！智慧點撥

書是一定要讀的，不過，必須是讀好書。寧可少讀，也不要整天沉浸在糟粕之中。許多優秀的書籍如果在年輕時不讀，以後就很少有時間再讀了。什麼是好書，其實沒有一個固定的標準。如果你是一個堅持讀書的人，書讀到一定程度，自然就會形成自己獨有的喜好。尋找自己感興趣的書籍，加以細細品味，就會在無形中提升自己。

Attitude

71

責任心有多大，舞台就有多大

「責任心有多大，舞台就有多大。你願意為一個人承擔責任，那你是很好的自己；你願意為五個人承擔責任，你是個經理；你為兩百、三百人承擔責任，你是總經理；你為十三億人承擔責任，你是總書記。」

馬雲經歷

二〇一三年十二月，馬雲應邀到韓國第一大學首爾大學做演講。在演講中，馬雲說：「上個世紀，如果想成為一個偉大的公司，通常需要抓住一、兩或三個機遇；而這個世紀，如果想成為偉大的公司，必須要解決社會問題。」

關於企業家境界，坊間流傳這樣一種說法：三流的企業家是純粹的商人，以賺錢為唯一目的，不注重人格形象，為了賺錢不惜一切代價，「無商不奸」是對其的形象概括；二流的企業家是儒商，既注重利潤又注重個人形象，以儒家的道德理想和道德追求為準則為人為商；一流的企業家是佛商，創造財富、注重形象，在骨子裡還存在著某種普世情結。馬雲就是一個具備「普世情結」的一流企業家。

作為草根創業者，馬雲始終認為，企業如果想獲得成功就必須要勇於擔當，只有在為客戶創造價值，為員工創造幸福，為股東創造財富的過程中才能實現自我價值。馬雲常說：「責任心有多大，舞台就有多大。你願意為一個人承擔責任，那你是很好的愛人；你願意為五個人承擔責任，你就是個經理；你為三百以上的人承擔責任，你就是企業家；你為十三億人承擔責任，你是總書記。」從這句樸實的話語裡，我們不難看出，馬雲對於一個人價值的判定是建立在他的責任承擔之上的。一個人承擔的責任大小，決定了其前途和地位。

很多人在研究馬雲和他的企業家族，有人將其成功歸結為馬雲的個人魅力，有人歸結為機遇與時運使然等，而馬雲本人則認為成功的根源在於責任擔當意識。馬雲認為：「企業的成功歸根到柢在於對社會的回報，將社會責任由一種外在的約束內化為企業的內在需求。真正把企業做大，不僅僅說是利潤，而是去關心邊上的人、關心員工、關心客戶、關心社會。企業不是慈善機構，它必須掙錢，如果一家企業不掙錢，是不道德也不負責任的，但一家企業為了掙錢而活著，我覺得這樣的公司意義不是太大。光會賺錢的公司不是一個偉大的公司。讓員工快樂地工作成長，讓使用者得到滿意的服務，讓社會感覺到我們存在的價值，才是阿里巴巴的目標所在，至於賺錢和社會回報，那是水到渠成的事。」

馬雲說，自己創業的初衷並非為了成為億萬富翁，而是為了「讓天下沒有難做的生意」。「讓天下沒有難做的生意」，當初的這一口號體現了馬雲和他的創業團隊質樸而偉大的社會責任感。

也正是這種質樸而偉大的社會責任感，促使馬雲創建的阿里巴巴和淘寶成為幫助千百萬草根一族事業的平台。有人估計，如果今天阿里巴巴從地球上消失，明天至少就有一百萬中小企業破產和倒閉。

馬雲對社會的責任感，體現在他的務實性擔當。他認為，社會責任不該是一個空的概念，一句漂亮的口號，不單純侷限於慈善、捐款。很多人拿馬雲與微軟主席比爾·蓋茨相比，此前比爾·蓋茨將五百八十億美元的個人資產捐出用作慈善事業，但馬雲卻認為，這並不是處理財富最好的方式，他覺得用錢幫助更多的人就業要更有意義。

在馬雲看來，阿里巴巴能夠為之貢獻的有三個方面：就業；擴大內需，讓農民富裕起來；讓經濟更綠色更好。

「創造就業是非常重要，有人說，創造就業不是你的問題，是政府的問題。我認為這就是我的問題。」二〇一〇年，馬雲在為溫家寶總理匯報時就這樣說：「上代人做企業是在社會中尋找機會賺錢，而我們這代人做企業是解決社會問題，沒有一個機會大到可以讓我們持續發展，只有不斷解決社會不斷湧上來的問題，才有可能讓我們這代年輕人持續不斷地發展。」

馬雲的第二貢獻就是幫助很多人富裕了起來。在中國，上海、北京、廣東，這些沿海城市很富裕，從富人身上賺錢容易，每個人都想從有錢人身上賺錢。但如何從窮人身上賺錢？馬雲認為，就是令窮人先富起來，然後才賺錢。「為何淘寶、阿里巴巴增長得那麼快？我們的理念之一是，永遠不要嘗試改變及說服一個成功的人，嘗試改變及說服那些希望以更容易的方式成功的人。」一直以來，馬雲都相信，中國的潛力不在廣東、北京、上海，而是在中西部，這些地區的人想要致富，想成功，有上億的農民希望能獲得成功，如果能幫助他們成功，便有了機遇。

馬雲認為阿里巴巴的第三大貢獻就是讓中國的經濟更好。「我們看到今日的環境，有霧霾、水、食品的問題，我們都很沮喪，我們怎樣可以做得更好？我相信互聯網不是一個賺錢的工具，而是改善社會的工具，改變人們的思考方式。我有一個很大的願望，而我相信它會成真，就是中國會因互聯網而改變。未來永遠比今日更好，人類經歷了很多艱辛的日子，戰爭、災難、饑荒，而我們今天也面對挑戰，這些挑戰並非最困難的，我們將會生存下來，中國將會生存下來。為何中國可以生存下來？因為我們這代人是在互聯網下成長的，我們開放、透明，我們學習如何享受自由，我們知道全世界各地發生什麼事。」

成長煩惱

美國品德教育聯合會主席麥克唐納曾說過：「能力不足，責任可補；責任不夠，能力無補；能力有限，責任無限。」對青少年來說，最大的責任一是樹立良好的品德，二是強健自己的體魄，三是努力學習取得好成績。但是現代人往往更關注身體和成績，很大程度上忽視了品德的培養。經常看到這樣的報導：有人不顧家庭生活貧困，非得追星、買奢侈品，和同學攀比；有人畢業了，找了好工作，不贍養父母；又有人簽了合約，無故違約……這些都是責任心不強造成的。

有責任心是一個人成熟的標誌。責任心有多大，人生的舞台就有多大。你有多大的責任心，你就能擔得起多大的事情。即使是你不喜歡的事情，因為對它負責，你也一樣能夠做得很好。

智慧點撥

責任是一種使命，也是一種做人的態度。譬如在一個企業裡，作為員工，你要盡到做好本職工作的責任；作為領導，你同樣要盡到英明決策的責任。這些責任不可推卸的，是伴隨著每個社會身分而自然而然產生的。沒有責任感的企業領導人不可能取得大成功。只有積極承擔責任，積極推動社會共同富裕，才能迎來自身的成功和富裕。

Attitude

72

放長眼光，開闊胸懷，站在世界的巔峰學習

「作為一個領導，眼光、胸懷的鍛煉十分重要，要多跑多看，讀萬卷書不如行萬里路，你沒有走出縣城，就不知道紐約有多大，我去了之後回來覺得自己太渺小了，飛那麼長時間還沒飛到盡頭。我經常跟我的同事說，人要學會投資在自己的腦袋和眼光上面，你每天去的地方都是蕭山、餘杭，你怎麼跟那些大客戶講？你投資點錢到日本東京去看看，到紐約去看看，到全世界看看，回來之後你的眼光就不一樣。人要捨得在自己身上投資，這樣才能把機會和財富帶給客戶。」

馬雲經歷

在一次亞洲互聯網大會上，馬雲受邀作為主題發言人之一出席。在會議上，他碰上了競爭對手的老闆，對方向他炫耀，自己也

是主題發言人，並且自己很有錢，向組委會捐了五萬美金，馬雲不置可否地回答，我沒有捐一分錢。對方愣住了，他是因為交給了組委會五萬美金才換來主題發言人的資格，為什麼馬雲就可以不花一分錢呢？對方氣呼呼地找到了組委會，質問他們不公平。不料，組委會的人回答，「你是自己要講，馬雲是觀眾要他講。這怎麼能比。」

在很多世界性的會議上，我們常常看到馬雲的身影。在阿里巴巴創始之初，平均每個月，他幾乎都有一周多的時間花費在國外的類似場合中，他每次的發言總會帶給人深刻的印象，時間久了，馬雲的發言很受聽眾歡迎，這才有了上面組委會的區別對待。

很多人說，馬雲是一個作秀高手，他無時無刻不在宣傳自己、宣傳阿里巴巴。其實，對馬雲來說，宣傳、炒作只是他參加會議、當眾演講的附加收益，他喜歡參加各種各樣的會議、論壇，最根本的原因是在與高手「過招」的過程中增長見識。

二〇〇七年一月二十四日，馬雲參加了跟娛樂圈的奧斯卡頒獎晚會有同樣重要性的經濟圈的達沃斯世界經濟論壇。在這次論壇上，馬雲是最忙的一位中國CEO，他共參加了三個論壇的發言（因為時間原因，推掉了三個主題演講與討論），達沃斯演講台上巨大的螢幕上，屢屢出現馬雲夾雜各種手勢的影像。

在世界性論壇上出現，對馬雲來說，享受更重於作秀。「每年在達沃斯，我都極度放鬆，那是一場思維的盛宴。你轉過身這是一個總理，轉過去那是一個總統，大家在一起暢所欲言，每一場感受都是極其奇妙的。」馬雲說。

成長煩惱

好多剛剛步入社會的年輕人都有這樣的感歎：「學校裡學的東西在工作中基本都用不上！」到一個新的單位，忙於適應新環境，聯繫新同事，做好新工作……每天忙得頭暈目眩，疲憊不堪，卻是「只顧埋頭拉車，從不抬頭看路。」年輕人每天東拚西突，看似幹勁兒十足，實際上卻是毫無章法、目的可言，庸庸碌碌幾十年，依然毫無建樹。這其中很大的一個原因就在於目光不夠長遠，沒有將自己定位在合適的高度。

此時該如何走出困境？馬雲的經歷啓示我們：站得高，才能看得遠。閉門造車，永遠只能落後挨打。牛頓有一句名言：如果說我比別人看得更遠些，那是因為我站在了巨人的肩上。站在巨人肩上，視野更加開闊，目光更加長遠，因而可以少走彎路，盡早成功。

智慧點撥

開闊眼界無外乎這幾種方式：一、閱讀書籍，通過別人的經歷，間接開眼；二、旅行，出去走走，自己親自去看，去體悟；三、接觸和認識更多不同的人，通過和不同的人接觸，來瞭解豐富多彩的世界。顯然，自己去走，自己去領略，效果最好。年輕人要捨得給自己的世界投資，這樣才能為自己帶來機會和財富。

Attitude

13

壓力和磨難
一點也不妨礙自己愛自己

「睡覺是很重要的休息。」

馬雲經歷

二〇〇四年，央視中國經濟年度人物評選的標準是「創新、責任和健康」，馬雲憑藉阿里巴巴和淘寶的突出表現，以高票數得以中選。在隨後的媒體採訪中，馬雲披露了自己的個人愛好，「平時我在杭州的時候最喜歡做的事情就是遛狗。一邊遛狗一邊散步。這大概就是我健身的方法吧。」

原來，雖然工作很忙碌，但馬雲極其重視自身的休息和鍛煉。據瞭解，因為要參加各種大小會議，他經常北京、杭州、國外等地來回飛。有很多時間是在飛機上，午餐也常常要到下午兩點才吃得上，但他卻有著堅持準時吃晚餐的習慣，並且每天保證有七、八個小時的睡眠。

在日常處理完工作中的事情後，馬雲喜歡把自己關在家裡，享受杭州的寧靜生活，並在享受生活的同時，考慮著公司的運作以及各種大小戰略計畫。在阿里巴巴下屬員工的印象中，阿里巴巴的很多重大決策都是馬雲關起門想出來的。

馬雲喜歡在家養狗。他有一條大狼狗，是純種的德國牧羊犬。因為他信奉「太陽神阿波羅」是最棒的，所以給牠起了個名字叫「阿波羅」。這條大狼狗站起來有一人多高，每到晚飯過後，馬雲就喜歡拉著大狼狗沿著文二路附近遛狗。遛狗看似清閒，實際也很耗體能，步伐時快時慢，有時還需要跑幾步，馬雲把它當做是一種很好的鍛煉和放鬆方式。

喝茶看書是馬雲另一種比較喜歡的放鬆方式。他覺得，在臨近西湖的茶室中泡上一杯綠茶，再拿起一本書，微風習習，湖水清新、乾淨的味道充盈鼻端，這可謂是人間最愜意的事。

馬雲看的書很雜，每隔一段時間，他就會轉向新的圖書領域。有一段時間，他對浙江企業和浙江經濟之類的書籍非常感興趣，走到哪裡都帶著，抽空就翻上兩頁。有這樣一個笑話，馬雲曾在一本書上看到了一位創業家的故事，他很為故事中的主人公感動。結果看到最後，他發現這位創業家竟然是自己。

在忙工作之餘，馬雲還不忘經營家庭。每年，他都會帶家人一起去度假，大部分時候是去國外，偶爾也在國內轉悠轉悠。他覺得，不管去哪兒，只要跟家人在一起，都能很好地放空思緒，讓自己的身心得到休息。

成長煩惱

有統計資料顯示，巨大的工作壓力導致中國每年過勞死亡的人數達六十萬人，中國已超越日本成為「過勞死」大國。無數懷著創業夢想的人不惜放棄自己的工作，在創業的道路上遇到的很多問題都需要創業者自己解決。為了節省成本，甚至一個人要做好幾個人的工作，使得創業者的身體被拖垮了，讓無數未來企業家被扼殺在搖籃當中！

另有一些人，雖然在給人打工，但他們堅信工作和賺錢是最重要的事。於是，他們為了工作放棄了許多生活的空間，成了名副其實的工作機器。

馬雲的經歷告訴我們，會休息的人才會工作。休息與工作，這兩者都是另一方的完美與補充。就像一部曾經很火的電影的名字：十全九美。只有在一個純粹的東西裡夾雜一點其他，才會顯得更加真實與完美。

智慧點撥

工作是為了更好地生活，而生活絕不是為了工作。無論多麼努力工作，我們都不能忘了享受生活，只有對生活充滿熱愛，才會對工作富有激情，才算得上是美好的人生。因此，在日常工作生活中，我們要注意珍惜時間，管理時間，把更多的時間用在最需要的地方。時間多了，機會就多；機會的增加，必然促成目標的早日實現，生命就得以延展。善用時間，正是善用自己的生命。

Attitude

74

學會投資腦袋，而不是死盯著錢

「新經濟是腦袋經濟，所以取勝不是靠錢，而是靠腦袋。」

馬雲經歷

一九九九年十二月，不到五分鐘，馬雲獲得孫正義三千五百萬美元的投資。幾天之後，簽約之前，馬雲反悔了。令人吃驚的是馬雲不是嫌錢少而是嫌錢太多。不要三千五百萬美金只要二千萬美金。「錢太多了，我不要。」

馬雲認為：「只需要足夠的錢，太多的錢是壞事。」孫正義的助手立刻跳了起來，這是不可思議的事情，孫正義的錢竟然嫌多，「這是不可能談下去的！」談判陷入僵局，然而馬雲仍然堅持自己的主張——「只要二千萬」。

在暴跳如雷的助手面前，馬雲給孫正義發了一個電子郵件，表示希望與孫正義一起闖蕩互聯網，情真意切。五分鐘後，孫正義回覆：「謝謝您給了我一個商業機會。我們一定會把阿里巴巴名揚世界，變成雅虎一樣的網站。」

為什麼到手的錢不要？馬雲說：「是的，我在賭博，但我只賭自己有把握的事。儘管我以前控制的團隊不超過六十人，掌握的錢最多兩百萬美金，但二千萬美金我管得了，過多的錢就失去了價值。」

常有人問馬雲為什麼能活下來。馬雲說，第一是由於他沒有錢，第二是他對互聯網一點兒不懂。

沒有錢，他也沒有錢去虧，他虧不起，他花的每一分錢都要用腦子去想。中國的很多ＩＴ企業，就是因為錢太多了，才輸的。如果只是錢就能夠打下來市場，那麼需要先驅幹麼？要企業家幹麼？要優秀人才幹麼？新經濟是腦袋經濟，所以，他的取勝不是靠錢，是靠腦袋。

「從第一天開始，我就沒想過用控股的方式控制。事實上，我們也不允許任何一個股東或者任何一方投資者控制這個公司。我覺得這個公司需要把股權分散，管理和控制一家公司是靠智慧。」馬雲說，「這樣，其他股東和員工才更有信心和幹勁。」

百度創始人李彥宏二〇〇七年演講時感歎：「在創辦百度以及後來上市的路上，有一點一直很明確，那就是百度的控制權必須掌握在創始人手上。只有掌握了公司的命運才能實現為線民創造價值的夢想。」李彥宏說服董事會在ＩＰＯ時設立「牛卡」原則，規定每股公開市場上交易的股票只有原始股票十分之一的投票權，以此保證百度的控制權能牢牢掌控在創始人手中。

控股權被稱為企業家的權杖，只有擁有控股權的企業家才擁有對公司完整的支配力。當當網創始人李國慶說：「一定要絕對控股，沒有五十一％絕對不行！企業不是由資本創造的，而是創業企業家！如果不控股，我都有可能被董事會開掉。」經過艱苦談判，李國慶終於在二〇〇五年通過引入老虎基金將當當管理層的股權由四十五％增加為五十一％，獲得絕對控股的「完美勝利」。

三十年來，無數創業英雄因喪失控股權而被自己的公司驅逐的案例不勝枚舉。一九八五年在蘋果公司如日中天時，賈伯斯被掃地出門；二〇〇〇年在新浪成功登陸納斯達克後，王志東黯然離場；對資本的險惡缺乏概念，ＵＴ斯達康吳鷹二〇〇七年被迫辭職。

隨著對資本認識的成熟，國內互聯網公司創始人的持股比例都普遍都較高：百度李彥宏持股二十五％，盛大陳天橋持股七十五％，當當網李國慶夫婦持股四三・八％。優酷網古永鏘持股四一・四八％，陳一舟持股二十三％，網秦天下創始人林宇持股三一・四％。

控股對於保全企業意義重大，但是保全企業不一定要靠企業家控股來實現。比如柳傳志在聯想集團只占〇．二八％的股份、任正非在華為的股份不到一％，而馬雲個人在阿里巴巴B2B公司持股不足五％。和柳傳志、任正非一樣，馬雲也是通過全員持股的方式對公司進行領導和控制。

在馬雲看來，靠股權管理和控制公司最終會陷入利益爭鬥，斷送掉企業的前途。馬雲的創業經歷不乏教訓。在創建中國黃頁時，由於資金缺乏被杭州電信收購，新成立的董事會中，馬雲等管理層和收購方杭州電信為爭奪控制權而互相爭論互相扯皮，令馬雲痛苦不堪，最終中國黃頁延誤商機而被競爭對手反超。從此，讓企業遠離「控股權」之爭，充分激發每個人的潛力和幹勁，成為馬雲的企業管理核心思想之一。

？成長煩惱

「為什麼我沒有一個特有錢的爸媽，那樣還用得著這麼辛苦地找工作啊。」又一年臨近畢業，很多應屆畢業生找工作不順利時，都有這樣的抱怨。在快節奏的生活中，在「一切向錢看」思想的誤導下，越來越多的人開始「唯利是圖」。甚至很多年輕人，學習、努力都不想碰，光想著靠著父母庇蔭，「啃老」過日子，坐享其成，最終只會坐吃山空。

現在的年輕人很多都不願意捨棄眼前的物質誘惑，把錢用在投資自己的腦袋上去。今天你把有限的金錢用在了吃喝玩樂上，那麼將收穫一個毫無起色的明天；今天你把錢投入到學習、進步、提升工作能力上，未來將會給你以百倍千倍的回報。

馬雲告訴我們，死盯著眼前的得失，存款數目的多少，你永遠都不會有大的成就，只有練就一個精明的頭腦，才能運用好手中的每一分錢，才能永遠立於不敗之地。

智慧點撥

有一句西方諺語說得好：「如果你把金錢當成上帝，它便會像魔鬼一樣折磨你。」要懂得，比起金錢，智慧更可靠。人生最大的投資是自己的腦袋，才華和智慧是自己最可靠的朋友。腦袋空空往往造成口袋空空，投資腦袋回報率最高。

Attitude

75

提升自己的預先適應能力

「嗅不到冬天的味道就不是合格的CEO。冬天並不可怕，可怕的是我們沒有做好準備！可怕的是我們不知道冬天有多長，有多寒冷！優秀的企業家必須學會比別人提前適應惡劣的環境。災難一定會在兩三年內打擊每一個人，誰先適應誰就有機會。」

馬雲經歷

二〇〇七年十一月六日，阿里巴巴正式在港交所掛牌上市。上市當天以約兩百六十億美元的身價躍居成為中國第一互聯網公司，繼Google之後全球最大的互聯網IPO。

在很多人看來，馬雲這是蓄謀已久的圈錢行為。但是，馬雲坦言：「上市是為過冬做準備。」而阿里人更是爆料：「這一決定很突然。」

二〇〇七年四月的一天夜裡，馬雲才突然對大家說：「公司要趕緊上市！」當時大家都大為吃驚。因為年會的時候大家一直討論的結果是：心急吃不了熱豆腐，不要急於上市。馬雲這變得也太快了吧？

面對大夥兒困惑的目光，馬雲的解釋是：「互聯網的寒冬要來了，我們要儲備好乾糧，有了大量的現金儲備，才能安然渡過危機。」他給阿里巴巴上市起了一個代碼：「K計畫」。

「今天很殘酷，明天更殘酷，後天很美好。絕大多數企業會犧牲在明天晚上。」這是馬雲廣為流傳的名言。作為一名互聯網「老人」，馬雲對這個圈子的生態氣候很敏感，他的嗅覺異常發達。

二〇〇〇年的時候，馬雲早早預感到互聯網的寒冬。因為有了心理準備，所以咬牙挺了過來。二〇〇六年的時候，他再次敏感地意識到將有事情要發生。

「互聯網發展了十二年，我進入了八年，在這個過程中，我看到了繁榮和泡沫，起來又掉下去。二〇〇〇年，互聯網突然轉向，大家還沒弄清怎麼回事，就進入冬天了。而且這個冬天非常長。當二〇〇六年2.0、3.0說不清的概念越來越多時，我覺得事情有點兒不對。」馬雲說。

任支付寶總裁的邵曉鋒記得當時馬雲說過一句令他畢生難忘的話——「嗅不到冬天

味道的ＣＥＯ不是合格的ＣＥＯ」。

二〇〇七年年初，馬雲在參加了達沃斯論壇之後，再次感覺到「很不對勁兒」。回去之後，他就開始張羅準備上市的事兒了，要求「以最快的速度去上市，包括組織結構的一些調整也是以分散風險、確保各個子公司的生存為第一目的。」

馬雲被譽為「寒冬悟道者」，但當時他說「寒冬來了」的時候，沒有人信他，覺得他又在嘩眾取寵。因為，二〇〇七年是股市相對繁榮的一年。這一年，只有馬雲最緊張。

「我特別擔心現在的繁榮，繁榮時期最主要的工作，是準備冬天的來臨，夏天需要少運動，多思考。但無論冬天還是夏天，都需要冷靜。」在馬雲看來，股市的繁榮並不真的繁榮。馬雲指出，繁榮就像一個生態系統，如果企業是一個人，那麼環境是一個春夏秋冬，繁榮如果是夏天，並且持續的時間很長，則意味著冬天很快來臨。

寒冬沒有因為大多數人不信就不來。二〇〇八年，馬雲所言的「冬天」真的來了，很猛烈也很殘酷。當別人被凍得瑟瑟發抖的時候，阿里巴巴已經披上了過冬的「厚棉襖」。

馬雲對互聯網而言是個不折不扣的門外漢，但是他對這個行業的把握卻鮮有人能及。正是因為自己不懂技術，馬雲才把精力用在了對宏觀環境和大趨勢的把握上，多年的薰陶磨煉，練就了他對宏觀大局的前瞻力和超強的危機預知能力。正因此，阿里巴巴才在一輪輪的危機中存活下來。

成長煩惱

據博物學者考察，在一些熱帶海邊的沙灘上，生長著一種胎生植物群落——紅樹林。這種紅樹林的種子成熟後並不掉落，而是在母樹上繼續發育，直到長成上輕下重、具有支撐根和呼吸根的棒槌狀幼苗，才隨風飄落到海灘泥地上，獨立生長成林。

為什麼紅樹會出現胎生現象呢？植物學認為，它們原來有不得已的「苦衷」。紅樹生活在海灘上，每天都要遇到漲潮和退潮，所處的環境極其不穩定，潮水的漲落對它的威脅極大，所以在母體上長大，然後再扎根海灘，其實是一種應對變化莫測環境的預先適應對策。

達爾文先生指出，這種預先適應在生物界不是偶然現象。面對極端氣候，生物在自然選擇展開之前準備了大量而多樣的基因突變和重組基因型，一個又一個預適應的突變和性狀在產生之後就在群體中起作用或者貯存在群體基因庫中。一旦環境有變，適宜的預適應就變成了適應性，

年輕人在職場，除了提升自己的專業實力之外，還有一項重要的修煉：提升自己的前瞻性和預先適應能力。和自然界變化莫測的環境一樣，我們所處的職場環境也是隨時

變化的。每個人都要有危機的敏銳意識，尤其是黃金年齡轉瞬即逝，沒有這種能力結局會很慘。

智慧點撥

職業敏感性源自個人豐富的經驗和相似環境的悟性。在埋頭工作的同時，要抬頭看路，舉目觀四方。多看多聽多思考多總結，久而久之，就會形成一種敏銳的嗅覺。

馬雲履歷表

姓　　名：馬雲

英文姓名：Jack Ma

性　　別：男

國　　籍：中華人民共和國

出生年月：一九六四年十月十五日（農曆九月十日）

出 生 地：浙江省杭州市

祖　　籍：浙江嵊州谷來鎮，後父母移居杭州

學　　歷：本科

畢業院校：杭州師範學院，獲外語學士學位

職務：

阿里巴巴集團主要創始人之一、阿里巴巴公司主席和非執行董事、軟銀集團董事、

中國雅虎董事局主席、菜鳥網路董事長、亞太經濟合作組織（APEC）下工商諮詢委員會（ABAC）會員、杭州師範大學阿里巴巴商學院院長。

主要經歷：

一九六四年十月十五日，馬雲出生於杭州。

一九六四年—一九八二年，馬雲從小學到高中，個性堅強，很講義氣，經常打架。整個學生階段，他成績不是太好，僅僅處於中上水準。不過，馬雲從十二歲起就開始學習英語。他練就了一口純正、流利的英語，而且結識了許多外國朋友。

一九八二年—一九八四年，馬雲三次參加高考。第一次高考，數學考了一分，落榜。第二次參加高考，數學考了十九分，還是落榜了。第三次高考，數學考了七十九分，馬雲考上了杭州師範學院外語系外語外貿專業的專科，離本科差五分，但本科沒招滿人，馬雲幸運地上了本科。

一九八四年—一九八八年，馬雲就讀於杭州師範學院外語系。大一下學期，馬雲第一次走出國門，去了一趟澳大利亞。在校期間，馬雲積極參加學校活動，從大三開始，擔任了杭州師範學院的學生會主席，並任杭州市學聯的主席。

一九八八年—一九九五年，馬雲任杭州電子科技大學英文及國際貿易的講師，其間發起了西湖邊的第一個英語角，馬雲在杭州「翻譯圈」日漸出名。一九九一年，馬雲和朋友成立了海博翻譯社。之後四年，馬雲一邊在杭州電子工業學院教書，同時經營海博翻譯社，晚上還教夜校，其口才和演講能力得到了很好的鍛鍊。一九九四年，三十歲，馬雲成為杭州十大傑出青年教師。

一九九五年—一九九七年，一九九五年初，馬雲偶然去美國，首次接觸到互聯網，對電腦一竅不通的馬雲開始認識互聯網。回國後，馬雲創辦中國第一家互聯網商業資訊發布網站「中國黃頁」，它是第一家網上中文商業資訊網站，在國內最早形成面向企業服務的互聯網商業模式。

一九九七年—一九九九年，馬雲加盟外經貿部中國國際電子商務中心，馬雲和他的團隊在北京開發了外經貿部官方網站、網上中國商品交易市場、網上中國技術出口交易會、中國招商、網上廣交會和中國外經貿等一系列國家級網站。

一九九九年—二〇〇二年，馬雲正式辭去公職，和他的團隊回杭州，以五十萬元人民幣開始了新一輪創業，開發阿里巴巴網站。一九九九年十月和二〇〇〇年一月，阿里巴巴兩次共獲得國際風險資金兩千五百萬美元投入，馬雲以「東方的智慧，西方的運作，全球的大市場」的經營管理理念，迅速招攬國際人才，全力開拓國際市場，同時培育國內電子商務市場，為中國企業尤其是中小企業迎接「入世」挑戰構建一個完善的電子商務平台。二〇〇〇年十月，馬雲被「世界經濟論壇」評為二〇〇一年全球一百位「未來領袖」之一，二〇〇一年，美國亞洲商業協會評選他為二〇〇一年度「商業領袖」，二〇〇二年五月，成為日本最大財經雜誌《日經》的封面人物。

二〇〇三年，馬雲創立淘寶網，並推出獨立的協力廠商電子支付平台支付寶，二〇〇五年，淘寶網超越eBay易趣，並且開始把競爭對手們遠遠拋在身後。二〇〇七年，淘寶網不再是一家簡單的拍賣網站，發展成為了亞洲最大的網路零售商圈。目前，淘寶網和支付寶在中國市場都位居第一。

二〇〇五年，馬雲和當時全球最大門戶網站雅虎戰略合作，兼併其在華所有資產，阿里巴巴因此成為中國最大互聯網公司。

二〇〇六年至今，馬雲成為央視二套《贏在中國》最有特色、最具影響力的評委，還用雅虎中國和阿里巴巴為《贏在中國》官方網站提供平台，為千百萬創業者提供平台。

二〇〇七年八月，馬雲推出了以網路廣告為贏收專案的行銷平台「阿里媽媽」，以支付的低端門檻吸引了大量的中小站長加入。

二〇〇八年三月，馬雲先生獲選巴隆金融週刊（Barron's）二〇〇八年度全球三十位最佳運行長（CEO）。七月，馬雲先生獲得日本第十屆企業家大獎。該獎項過去只頒發給日本國內的企業家。九月，馬雲先生獲選美國《商業週刊》評出的二十五位互聯網業最具影響力的人物。他也是唯一上榜的中國企業家。十月三十日，阿里巴巴有限公司和杭州師範大學合作共建杭州師範大學阿里巴巴商學院，任董事會董事長。

二〇一三年一月十五日，馬雲宣布於二〇一三年五月十日起不再擔任阿里巴巴集團CEO一職，將全力以赴做好阿里巴巴集團董事局主席全職工作。二〇一三年五月十日晚，杭州黃龍體育中心，包括阿里集團來自全球的二萬四千名員工，一萬多名阿里集團合作夥伴以及來自全球的媒體，出席淘寶十週年慶典暨馬雲辭職阿里巴巴集團首席執行官卸任晚會。馬雲做了自己身為阿里巴巴CEO的最後一次演講。五月二十八日，馬雲宣布再度出山組建物流網路平台並擔任菜鳥網路科技有限公司的董事長。

人生顧問232

馬雲給年輕人的75個人生態度

作　者—王　晶
主　編—李筱婷
封面設計—Eton
執行企劃—廖婉婷
內頁排版—時報出版美術製作中心

董 事 長—趙政岷
出 版 者—時報文化出版企業股份有限公司
10803台北市和平西路三段二四〇號三樓
發行專線—(〇二)二三〇六—六八四二
讀者服務專線—〇八〇〇—二三一—七〇五
(〇二)二三〇四—七一〇三
讀者服務傳真—(〇二)二三〇四—六八五八
郵撥—一九三四四七二四　時報文化出版公司
信箱—台北郵政七九～九九信箱

時報悅讀網—http://www.readingtimes.com.tw
電子郵箱—history@readingtimes.com.tw
法律顧問—理律法律事務所　陳長文律師、李念祖律師
印刷—盈昌印刷有限公司
初版一刷—二〇一六年五月二十日
初版八刷—二〇一九年七月十二日
定價—新台幣三五〇元

時報文化出版公司成立於一九七五年，
並於一九九九年股票上櫃公開發行，於二〇〇八年脫離中時集團非屬旺中，
以「尊重智慧與創意的文化事業」為信念。

馬雲給年輕人的75個人生態度 / 王晶編著.
-- 初版. -- 臺北市 : 時報文化, 2016.05
352面 ;14.8 X 21公分. -- (人生顧問 ; 232)

ISBN 978-957-13-6617-3(平裝)

1. 成功法　2. 生活指導

177.2　　105006145

ISBN 978-957-13-6617-3
Printed in Taiwan